Werner Ablass

Gar nichts tun und alles erreichen

Werner Ablass

GAR *nichts tun* UND ALLES ERREICHEN

Für ein perfektes Leben

Omega

MIX
Papier aus verantwortungsvollen Quellen
FSC® C014138
FSC
www.fsc.org

Omega-Verlag ist ein Imprint der Verlag “Die Silberschnur” GmbH
Copyright der 1.–8. Auflage 2006 © Omega-Verlag, erschienen mit dem Titel: “Gar nichts tun und alles erreichen. Entdecke deine wahre Natur” unter der ISBN 978-3-930243-36-5

ISBN: 978-3-96933-028-9
1. überarbeitete Neuauflage 2023

Gestaltung & Satz: Beeg | graphics, Kirchheimbolanden
Umschlaggestaltung: XPresentation, Güllesheim
Druck: Finidr, s.r.o. Cesky Tesin

Verlag »Die Silberschnur« GmbH · Steinstr. 1 · 56593 Güllesheim
www.silberschnur.de · E-Mail: info@silberschnur.de

IN LIEBE UND VEREHRUNG
WIDME ICH DIESES BUCH
RAMESH S. BALSEKAR

Inhaltsverzeichnis

Danksagung

Mein Dank geht an Bettina Suter, Gabriele Haring und Jan den Otter, Menschen, die das Agape-Konzept lieben, meiner Bitte entsprachen, das Manuskript zu lesen, und durch ihr Feedback mithalfen, dass dieses Buch in dieser Form vorliegt.

ES GIBT NICHTS, WAS GELINGEN ODER MISSLINGEN KÖNNTE.

Hubert Benoit "Die hohe Lehre"

Vorwort

Die meisten Leser meiner ersten beiden Bücher *Leide nicht, liebe* und *Liebe ist die Lösung* kauften sie mit der Absicht, eine positive Veränderung in ihrem Leben herbeizuführen. Sie wollten mit der Methode, alles zu lieben, glücklicher, gesünder, erfolgreicher werden. Zahlreiche Leser schrieben mir, dass sie diese Ziele erreichten, materielle und ideelle. Die Ergebnisse wunderten mich nicht, denn Liebe ist die stärkste Magie, und sie kann tatsächlich Wunder über Wunder vollbringen.

Auch ich selbst hatte die Methode aus diesem Grund angewendet. Und als ich damit begann, mich darin zu üben, in allen Zuständen und Situationen zu lieben, um möglichst kontinuierlich auf höchster Ebene zu schwingen, erfüllten sich einige meiner tiefsten Wünsche. Doch damit nicht genug. Innerhalb von nur wenigen Monaten brachte mich die Übung zum Ende meiner vierzigjährigen spirituellen Suche und in einen Zustand beständigen Friedens. Diese Erfahrung hatte ich nicht erwartet, letztlich jedoch hatte sich hinter all meinen vordergründigen Zielen der Wunsch genau danach verborgen. Erfolge sind eben nicht alles, was wir begehren. Tief in uns ist ein Verlangen, das sich nach jeder Wunscherfüllung zunächst einmal abschwächt, dann aber immer und immer wieder erstarkt.

Womöglich erkennst du deine eigene Erfahrung in den folgenden drei Beispielen wieder. Beispiel Nr. 1: Glückselig stellt jemand fest: Ich habe meinen Traumpartner gefunden! Ein paar Jahre später findet er heraus: Das war doch nicht die große Liebe! Oder das Paar gewöhnt sich aneinander und die Liebe verliert ihren Glanz. Beispiel Nr. 2: Jemand macht Karriere und merkt auf dem Zenit des Erfolgs: Da muss es mehr geben! Das kann doch nicht alles im Leben sein! Beispiel Nr. 3: Jemand baut ein Haus, doch das Glücksgefühl, das er mit der Abzahlung der letzten Rate verband, stellt sich nicht ein.

Wann immer wir spüren, dass die Erfüllung eines Wunsches nicht den erhofften Effekt bringt, peilen wir neue Ziele an. Oder wir sind endlich bereit, der scheinbar unstillbaren Sehnsucht tief in unserem Inneren auf den Grund zu gehen.

Bist du so weit? Dann könnte dir dieses Buch helfen. Denn es wurde für all jene Menschen geschrieben, die das Gefühl nicht loswerden können, dass ihnen noch etwas ganz Entscheidendes fehlt. Obwohl sie eigentlich nicht über ihr Leben meckern können. Vielleicht hast du schon eine Menge erreicht. Vielleicht bist du mehr oder minder erfolgreich. Du könntest das Leben genießen. Und doch ...

Die meisten Menschen sind davon überzeugt, dass man in dieser Welt nur dann etwas erreicht, wenn man dafür etwas tut. **Gar nichts tun und alles erreichen bedeutet, unsere wahre Natur zu entdecken,** die keine Herausforderung des alltäglichen Lebens, keine negative Emotion, kein Problem in deinen Lebensumständen zu unterminieren oder gar zu zerstören vermag.

Menschen in diesem Seinszustand werden zumeist erwacht oder erleuchtet genannt. Ich verweigere mich diesen Begriffen, weil sie sich geradezu hervorragend dazu eignen, die Illusion zu nähren, einen anderen, einen ganz besonderen Zustand erreichen zu müssen. Die Entdeckung unserer wahren Natur ist jedoch mit keiner Bedingung verknüpft. Im Gegenteil: Es ist ausschließlich die Idee, in einen "optimaleren" Zustand gelangen zu müssen, die uns in der Wahrnehmung unseres natürlichen Zustands blockiert. Ist diese Idee als Illusion entlarvt, bleibt uns gar nichts anderes mehr übrig, als **den perfekten Zustand wahrzunehmen,** in dem wir uns JETZT (und daher zu jedem Zeitpunkt) befinden. Dazu braucht man zwar überhaupt nichts zu tun, weil uns das aber so fürchterlich schwerfällt, gilt es jetzt nur noch zu VERLERNEN, uns auf unser Tun zu verlassen.

Genau diesen Zweck verfolgt das vorliegende Buch. Es animiert dich nicht dazu, deine Aktivität zu erhöhen oder irgendeine Mühe auf dich zu nehmen. Das Konzept, dessen Anwendung ich empfehle, bietet vielmehr die

Chance, das Tun zu verlernen und genau dabei deine wahre Natur zu entdecken. Und ist sie entdeckt, erkennst du, dass alles erreicht ist, was du dir im tiefsten Inneren gewünscht hast.

Nach dieser Entdeckung erledigt sich sogar das von mir empfohlene Konzept, denn das Leben wird zu einem harmonischen Fließen. Wünsche erfüllen sich wie nebenbei, ohne Jagdfieber und erheblichen Aufwand. Verschlossene Türen werden nicht als Unglück betrachtet, sondern als Hinweis auf andere Türen, die bereits weit offenstehen und deinem Blick bisher entgingen. Negative Emotionen und Konflikte lösen sich ohne direktes Eingreifen auf. Die Herausforderungen des alltäglichen Lebens werden akzeptiert und erzeugen nicht mehr das Gefühl der Hilflosigkeit. Problematische Situationen vermögen den inneren Frieden nicht mehr zu zerstören. Vielmehr wirst du beobachten können, dass sie ebenso unverursacht vergehen, wie sie entstehen. Du wirst also gar nichts mehr tun, weil all dein Handeln nun ebenso “geschieht” wie das Atmen.

Teil I

Wunder – ein günstiger Nebeneffekt

Kürzlich fragte mich ein Teilnehmer zu Beginn meines Workshops: "Ist es denn wissenschaftlich bewiesen, dass der Kosmos in Resonanz auf unsere Schwingung positiv oder negativ reagiert?"

"Forschungsergebnisse zeigen, dass der Masseanteil in einem Festkörper wie dem menschlichen Körper nur ein Billiardstel Anteil beträgt", antwortete ich, "und das bedeutet natürlich, dass er nahezu gänzlich aus Schwingung besteht. Aber ein Beweis für das Resonanzgesetz ist das natürlich nicht. Das gilt jedoch auch für den Big Bang oder die Evolution - es sind nur Theorien. Wir können noch nicht mal beweisen, ob das, was wir wahrnehmen, 'die' Realität oder nur ein winziger Ausschnitt der Realität ist. Selbst, ob wir wirklich oder nur virtuell existieren, ist nicht nachzuweisen. Alles, was wir zu wissen glauben, besteht aus Theorien, Hypothesen, Interpretationen und Bewertungen. Ausschließlich unsere subjektive Erfahrung liefert uns konkrete Beweise dafür, dass unser Erlebniskosmos tatsächlich auf unsere jeweilige Schwingung reagiert.

Am einfachsten zu erfahren in der persönlichen Begegnung mit Menschen. Die negative Schwingung eines notorischen Nörglers oder Griesgrams wird sicher andere Reaktionen in dir auslösen als die eines harmonischen, glücklichen Menschen. Die höchste Schwingungsfrequenz ist fraglos die Liebe."

Eva bemerkte dazu: "Das hab' ich schon begriffen! Und wie gern würde ich in jeder Situation lieben, um in optimale Resonanz mit dem Kosmos zu kommen, aber es gelingt mir nicht immer. Sobald mir etwas so richtig gegen den Strich geht, ist meine Schwingung im Keller."

"Dann lieb dich doch einfach dafür, dass sie im Keller ist", empfahl ich ihr, "entscheidend ist ja nicht, WAS du liebst, sondern nur, DASS du liebst! Es geht letztlich nur um Schwingungssteigerung und nicht darum, ein Jünger der Liebe zu werden, verstehst du?"

Sie sagte: "Das hab' ich auch schon verstanden, und ich liebe mich auch dann, wenn ich unten bin, aber es nützt nix. Meine Gefühle bleiben trotzdem im Keller."

Meine Antwort: "Liebe dich doch dafür, dass sie im Keller **bleiben**! Dann kommt der Aufzug, der dich ins höchste Stockwerk, auf die Ebene der Liebe, befördert!"

Eva erwiderte: "Das hab' ich auch schon gemacht, aber mein Aufzug ist mittendrin steckengeblieben und dann wieder ins Erdgeschoss runtergekracht. Getan hat sich also wiederum nix." Die ganze Gruppe lachte wegen des Wortspiels, nur Eva blieb ernst.

"Was soll sich denn tun?", fragte ich sie.

"Na ja, zunächst mal sollten sich bessere Gefühle einstellen."

"Zunächst mal, hast du gesagt - und was noch?"

"Nun, ich möchte natürlich auch, dass der Kosmos auf meine Liebesschwingung endlich mal positiv reagiert."

Ich bohrte weiter: "Und was, meinst du, würde oder müsste geschehen, wenn der Kosmos in Resonanz reagiert?"

Sie zögerte ein wenig, dann sagte sie: "Nun, ich möchte endlich den Partner fürs Leben kennenlernen."

Tja, Eva (und das gilt natürlich für alle Evas und auch für die Adams), so funktioniert's nur in den wenigsten Fällen. Ich liebe ein bisschen, mal hier und mal dort, insbesondere dann, wenn's mir so richtig schlecht geht, erhöhe dadurch mein Schwingungsniveau, und schwuppdiwupp schickt mir der Kosmos den Partner fürs Leben. Und sollte das nach ein paar Tagen nicht funktionieren, nun, dann lass ich das mit dem Lieben, hol mir ein neues Buch und probiere eine andere Methode. Vielleicht schaff ich's mit ihr.

Bei konsequenter Anwendung dieser Methode ist es völlig ausgeschlossen, dass sich in deinem Erlebniskosmos nichts tut. Aber auf Knopfdruck geht's meistens nicht. Und das ist auch gut so.

Ich wünsche dir von ganzem Herzen, dass du nach einem Tag "lieben" **nicht** den Partner fürs Leben findest oder im Lotto eine Million Euro gewinnst. Keineswegs deshalb, weil ich dir das nicht gönne, sondern weil die Wahrscheinlichkeit hoch ist, dass du kurze Zeit später ebenso "tief schwingst" wie zuvor. Mit all den Millionen. Oder mit dem Partner fürs Leben. Oder mit beidem zusammen. Warum? Weil sich dein Schwingungsniveau im alltäglichen Leben nicht sonderlich verändert oder gar stabilisiert, wenn du die Methode nur zur "schnellen Wunscherfüllung" benutzt. Solange sich dein Schwingungsniveau nicht nach oben verändert und auf diesem Niveau stabilisiert, wirst du unabhängig von deinen äußeren Umständen unweigerlich immer wieder in denselben inneren und äußeren Zustand zurückkehren.

Eva benutzte meine Methode, um einen Partner fürs Leben zu finden. An diesem Wunsch ist natürlich nichts falsch, aber in der Regel muss, bevor das passieren kann, zunächst etwas anderes geschehen.

Günther hat es erlebt. Auch er wollte seine Traumpartnerin finden und erhöhte mit objektloser Liebe sein Schwingungsniveau, weil er begriffen hatte, dass der Kosmos nicht auf seine Wünsche, sondern auf seine Schwingung reagiert. Wie bei Eva tat sich auch bei ihm zunächst überhaupt nichts. Doch anders als sie entdeckte er nach ein paar Wochen kontinuierlichen Übens, dass er sich auch ohne Partnerin relativ glücklich fühlte. "Ich war so angefüllt mit Liebe, dass ich dachte: 'Selbst wenn ich sie nicht finden sollte - mehr Liebe, als ich bereits jetzt in mir spüre, kann mir eigentlich niemand geben.' Natürlich war da noch immer der Wunsch nach einem Gegenüber, alleine wollte ich nicht ewig bleiben, aber die Dringlichkeit, der Druck, sie unbedingt und möglichst schnell finden zu müssen, war weg."

Wenige Wochen nach dieser Entdeckung passierte es dann. In einem Zugabteil kam er "zufällig" ins Gespräch mit einer Dame, die wie er mit dem ICE von Basel nach Hamburg fuhr. Die Konversation erstreckte sich über mehrere Stunden, so viel hatten sie sich zu sagen. Sie trafen sich anschließend einige Male, entdeckten dabei, dass sie füreinander wie geschaffen waren, und heute lebt er schon mehrere Monate mit ihr zusammen.

Ebenso erging es Bernhard. Eine liebende Partnerin hatte der schon, aber wie er fand, viel zu wenig Geld. Finanziell unabhängig wollte er daher werden. Und das möglichst schnell. Er begann sich darin zu üben, alles im Alltag zu lieben, und spielte Lotto, gewann aber im besten Fall gerade mal zwei Euro fünfzig. Da begriff er, dass er aufs falsche Pferd gesetzt hatte. Nicht, was die Methode, sondern das Lottospielen betrifft. Zwar gab er immer noch jede Woche seinen Lottoschein ab, aber er vertraute nicht mehr darauf, durch einen Sechser steinreich zu werden. Stattdessen setzte er auf das Prinzip, das ich ihm in einem meiner Workshops vermitteln konnte: Tu das, was du tust, mit Liebe und Leidenschaft! Und so ging er voll auf in seiner Arbeit.

Bernhard war in einer kleinen Firma beschäftigt, die alte Möbel restaurierte. Schon wenige Wochen später ergab sich die Chance zur Selbstständigkeit. Und heute, nur zwei Monate später, hat er bereits so viele Aufträge, dass er zeitweise Mitarbeiter eines Zeitarbeitsunternehmens least, um sie abzudecken. Kürzlich fragte ich ihn: "Hast du denn dein Ziel, viel Geld zu scheffeln, erreicht?" "Nee, das nicht", sagte er, "aber es geht mir finanziell weitaus besser als vorher, und meine Arbeit macht mir einen Heidenspaß, seitdem ich selbstständig bin. Außerdem bin ich ja erst ganz am Anfang. Werner, besser konnte es für mich gar nicht kommen."

Manchmal klappt es natürlich postwendend. Eine Leserin schrieb mir: "Ich bin total begeistert. Habe das Buch erst seit einer Woche und bin erstaunt über den einzigartigen Erfolg. Ich hatte eine schwere Knieerkrankung und gehe seit drei Jahren keinen Schritt ohne Schmerzen. Innerhalb von drei Tagen waren die Schmerzen durch Liebe weg. Allerdings hatte ich auch gute Vorarbeit mit MET geleistet. Auch bei den Kindern habe ich schon einen tollen Erfolg erzielt ... Man muss absolut kein Genie sein, nur dran denken!"

Angelika schrieb mir: "Ein Jahr mit vielen Misserfolgen liegt fast hinter mir, und das neue Jahr sah nicht rosig aus, aber dank der von Ihnen erlernten neuen Einstellung auf das Lieben hat das Universum schon zweimal Bestellungen ausgeliefert: Meine Mitarbeiter haben aufs Weihnachtsgeld verzichtet, obwohl vertraglich vereinbart, weil sie an die Firma glauben, und heute rief ein Kunde an und erteilte einen großen Auftrag für das nächste Jahr in Höhe von 160 000 Euro - einfach unglaublich, oder doch nicht?"

Und Wolfgang sandte mir eine E-Mail mit folgendem Inhalt: "Nachdem ich im Workshop bei dir in Karlsruhe war, war ich begeistert von dir und deiner lieben Ruth, und ich war überzeugt: Das isses! Leider hat mich der Alltag sehr schnell eingeholt, und ich verfiel wieder in meine alten Muster, aber vor allem übte ich mich nicht mehr in AGAPE, habe andere Dinge ausprobiert, mit dem Resultat, dass mir der Kopf rauchte. Lange Rede, kurzer Sinn: alles wahnsinnig kompliziert. Dann besann ich mich wieder auf dich und nahm dein Buch noch einmal in die Hand, seither ist es um mich geschehen, es hat endlich geklingelt. Seit 14 Tagen übe ich auf Teufel komm raus ... und es funktioniert. Ich explodiere manchmal förmlich vor Glück, meine Probleme bestehen nach wie vor, jedoch umhülle ich sie mit Liebe. Alles geht leichter, nichts mehr scheint unmöglich, meine Firma expandiert, ich lerne tolle Menschen kennen, alles ist im Fluss, und ich bekomme positive Resonanz auf alles, was ich tue."

Natürlich freue ich mich über solche Feedbacks, weiß aber nicht zuletzt aus eigener Erfahrung, dass Wunder nur ein äußerst günstiger Nebeneffekt sind, der nicht allzu lange anhält. Den Grund dafür erfährst du in den nächsten Kapiteln.

Das Agape-Virus

Wer das Konzept anwendet, sich selbst in allem zu lieben, egal was er gerade erlebt, erfährt zweifellos eine Steigerung seines Schwingungsniveaus. Und manch ein unerfüllbar erscheinender Wunsch wird sich erfüllen. Doch das ist weitaus nicht alles, was die Übung bewirkt. Es ist nur ein ganz kleiner Anfang.

Ich verrate dir jetzt ein Geheimnis, das sich auch mir erst während der Übung erschloss: **Agape, die Liebe ohne Objekt**, ist wie ein Virus, das dich, wenn du erst einmal mit ihm "infiziert" bist, vollständig durchdringen und mit Haut und Haaren verschlingen wird.

Agape kennt deine Wünsche, bevor du sie aussprechen kannst. Und ihre Schwingungsfrequenz ist so hoch, dass du mitunter sogar in der Lage sein wirst, temporär Naturgesetze außer Kraft zu setzen. Doch Wunder sind wie bereits erwähnt nur ein günstiger Nebeneffekt.

Es mag dir noch nicht bewusst sein, doch dein tiefster, dringlichster Wunsch ist, deine wahre Natur zu entdecken. Daher wird deine rastlose Suche erst nach dieser Entdeckung beendet sein. Darauf zielt Agape, und nur aus diesem Grund hat dich das "Virus" erfasst.

Vielleicht denkst du, eine supergeile Methode zur Wunscherfüllung gefunden zu haben. Keine Frage, das stimmt auch! In Wahrheit jedoch ist die Methode ein Köder, um dich wie einen Fisch an der Angel zu fangen. In Wahrheit will sich Agape selbst einen Wunsch erfüllen und dich mit Haut und Haaren, sozusagen aus lauter Liebe "auffressen". Letztlich hast nicht du Agape gefunden. Agape fand dich. Und warum? Um dich ganz und gar mit sich selbst zu durchdringen, und erst dann bist du am Ende deiner rastlosen Suche.

Agape definieren wir als "Liebe ohne Objekt". Nun, was ist das eigentlich, die Liebe ohne Objekt? Wenn du erst einmal von ihr erfasst bist, wirst du realisieren, dass sie niemand anderes ist als du selbst - du selbst in deinem innersten Wesen, deine *wahre Natur*.

Wer sich in die Liebe verliebt, spürt meistens sofort, dass er sich selbst weitaus näher ist als jemals zuvor. Dieser Eindruck ist keine Täuschung, denn du hast dein wahres Wesen berührt.

Das Agape-Virus braucht jedoch zumeist etwas Zeit, um in deinen Verstand einzudringen, um deine falschen Vorstellungen über dich selbst löschen oder deprogrammieren zu können. Denn diese Vorstellungen sind das **einzige Hindernis**, um ohne jede Übung in Agape zu bleiben. Um also im wahrsten Sinne des Wortes nichts mehr zu tun und dennoch alles zu erreichen.

Es gab noch nie einen Zeitpunkt, in dem du nicht Agape warst. Und es wird auch nie einen geben, in dem du nicht Agape bist. Das hast du nur vergessen. Und deshalb rennst du allen möglichen Objekten nach, von denen du dir das versprichst, was nur Agape dir geben kann.

Wann immer du dich an Agape erinnerst, erinnerst du dich an dich selbst. Und wenn man es genau nimmt, erinnert sich sogar Agape an sich selbst. Denn du bist ja in Wahrheit Agape.

Ohne es zu wissen, aktivierst du mit jedem Erinnern das Agape-Virus, bis es schließlich alle Vorstellungen über dich zerstört hat. Und was bleibt dann übrig? Natürlich Agape, deine wahre Natur, was denn sonst?

Wirst du dir dann nichts mehr wünschen? Wirst du dann keine Interessen mehr haben? Wirst du dann keine Hobbys, keine Leidenschaften mehr haben? Wirst du dich dann am gesellschaftlichen Leben nicht mehr beteiligen? Nun, das passiert zwar in seltenen Fällen, ist jedoch zumeist nicht der Fall.

Das Agape-Virus wirkt wie jedes Virus subtil und nicht wie ein Hammer, der dein eingebildetes Selbstbild in tausend Stück zerschlägt. Dein Ego wird nicht vernichtet, du wirst lediglich **desillusioniert.** Du wirst weiterhin existieren, wirst weiterhin für deine existenziellen Bedürfnisse sorgen, doch du wirst dich nur noch **aus diesem funktional notwendigen Grund** mit deinem Ego identifizieren. Du wirst aber nicht mehr glauben, dass du dein Ego bist.

Dein Ego wird dir als ein Objekt unter vielen anderen Objekten erscheinen. Mitunter wirst du ein anderes Objekt oder Ego als wichtiger erachten als dein eigenes Ego. Beispielsweise deinen Partner. Oder deine Kinder. Oder ein Buch, das dich fasziniert.

Ist es nicht heute schon manchmal so, dass du ganz und gar aufgesogen bist von einem anderen Objekt? Wenn du beispielsweise ein interessantes Buch liest oder einen faszinierenden Film siehst - bist du dir während solcher Zeiträume überhaupt noch deiner selbst, deines Egos, bewusst? Ist es dann nicht vielmehr so, dass du ganz und gar in der Geschichte aufgehst, die du liest oder siehst? Beweist dir das nicht, dass dein Ego letztlich nur ein Instrument ist, durch das die Welt der Objekte **wahrgenommen** werden kann?

Das Agape-Virus wird es sonnenklar machen: Ich bin nicht das, was ich jeweils wahrnehme. Ich bin Agape in allem und jedem.

Es ist müßig, dir darüber Gedanken zu machen, WANN diese Klarheit erscheint. Denn wenn du auf einen Zeitpunkt fixiert bist, deaktivierst du - zumindest temporär - das Agape-Virus. Es kann nur optimal wirken, wenn du dich einfach in allem liebst. Ganz egal, was passiert: Liebe objektlos! That's it!

Das ist kein Weg, der zu irgendeinem Ziel führt. Du bist vielmehr schon am Ziel, und die Liebe zu allem und jedem zerstört lediglich deine falsche Vorstellung, dass du jemals etwas anderes warst und etwas anderes sein kannst als Agape.

Sei sicher: Wenn dich das Virus erfasst hat, gibt es kein Zurück mehr. Selbst wenn du es loswerden willst - keine Chance! Das Virus lässt sich nicht mehr entfernen. Es existiert einfach kein Antivirenprogramm, das es von der Festplatte deines Bewusstseins löschen kann. Das Virus wird jede Faser deines Seins mit sich selbst durchdringen. Versuche einmal, das Lieben für längere Zeit zu vergessen. Mach nur den Versuch, die Methode als Unsinn zu verwerfen! Dann wirst du schon sehen, dass es unmöglich ist. Das Virus selbst wird dich ans Lieben erinnern, denn es braucht diese Nahrung. Wenn du die Schwingung einmal erlebt hast, bist du unfähig, dauerhaft auf sie zu verzichten. Warum? Nun, du bist einfach hoffnungslos infiziert. Herzlichen Glückwunsch!

Nonduales Bewusstsein

"Was du auch immer tust, lieb dich dafür,
dass du es tust. Was du auch immer denkst,
lieb dich dafür, dass du es denkst."
Thaddeus Golas

Das Konzept, welches ich in Anlehnung an Thaddeus Golas und sein Buch *Der Erleuchtung ist es egal, wie du sie erlangst* empfehle, ist nicht besser, geeigneter oder effizienter als irgendein anderes Konzept. Es ist nur einfacher in der Anwendung. Ich kenne zumindest keines, das so einfach nachvollziehbar und auch umsetzbar ist. Doch eines sollte dir klar sein, selbst wenn du meine beiden anderen Bücher schon kennst und das Agape-Konzept in der Praxis umsetzt: Du wirst mit seiner Umsetzung nicht irgendwo ankommen können, wo du JETZT noch nicht bist. Das Konzept kann letztlich wie alle anderen Konzepte zur Entdeckung deiner wahren Natur nur dazu führen, dass am Ende niemand mehr da ist, der glaubt, irgendwo ankommen zu können oder ankommen zu müssen. Und wenn das der Fall ist, hat es ausgedient und du brauchst es nicht mehr.

Die Übung ist simpel: **Liebe, egal was geschieht!** In wirklich allem, was sich im Alltag ereignet. Es spielt überhaupt keine Rolle, ob du emotional gerade oben bist oder unten. Ob dir eine Situation passt oder nicht. Ob du glücklich oder unglücklich bist. Ob dich das Finanzamt über eine willkommene Steuerrückzahlung oder eine gepfefferte Steuernachzahlung informiert. Ob dir dein Partner Blumen mitbringt oder ob du gerade richtig Knatsch mit ihm hast. Ob du freie Fahrt hast oder im Stau steckst. Ob du die ganze Welt umarmen oder einen unsympathischen Zeitgenossen ohrfeigen könntest. Ob du voller Freude deinen Urlaub vorbereitest oder ärgerlich Überstunden machen musst. Egal was passiert - **deine Priorität in jeder Situation ist es, objektlos zu lieben.** Du liebst sogar dann, wenn du dich manchmal nicht lieben kannst, nicht (mehr) lieben willst oder dich nicht mehr darin üben möchtest, alles zu lieben.

Immer wieder wird mir die Frage gestellt: "Was kann ich tun, um die Liebe zu intensivieren, also stärker in mir zu spüren?" Meine Antwort ist immer dieselbe: Ob du die Liebe intensiv spürst oder nicht, spielt bei dieser Übung eine untergeordnete Rolle. Manchmal werden Glücksgefühle entstehen, ein anderes Mal wieder bleibst du relativ übel gelaunt, wütend oder frustriert. Dann liebst du dich eben dafür, dass du übel gelaunt, wütend oder frustriert bist. Ein Übender erblickt in jedem emotionalen Zustand die Chance, das, was gerade da ist, zu lieben. Denn es geht weder um Ethik noch um gute Gefühle bei dieser Übung. Ja, es ist sogar notwendig und wichtig, auch negative Gefühle wahrzunehmen und zu lieben, weil sie sonst im Inneren rumoren und dich krank machen können. Lass sie zu, vergiss jedoch nicht, dich dabei zu lieben - ansonsten könnten sie zu destruktiven, unbeherrschbaren Kräften mutieren.

Letztlich geht es bei der Übung nur um die Entdeckung, dass du dich schon in einem Zustand befindest, den du glaubtest erzeugen oder erreichen zu müssen. Und wenn du diese wundervolle Entdeckung erst einmal machst, wirst du erleben, dass dich deine wechselnden Emotionen und Situationen nicht mehr sonderlich beeindrucken werden. Lass mich dir das Wirkungsprinzip der Übung anhand einer simplen Grafik erklären:

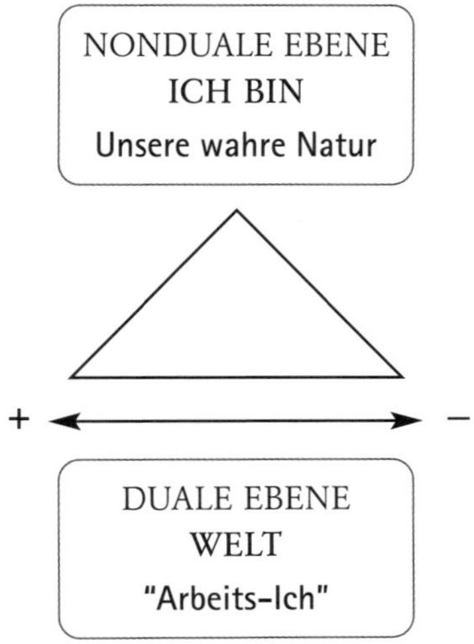

Am unteren Ende der Grafik siehst du die Ebene, auf der wir unser alltägliches Leben erfahren: die duale Ebene, Welt genannt, auf der sich Freude und Schmerz, Probleme und Lösungen, Schönes und Hässliches die Klinke in die Hand geben. **Das wird sich nie ändern und kann sich nie ändern**, weil die Welt wie eine Maschine nur mit Plus- und Minuspol funktioniert.

Die Spitze des Dreiecks soll unsere wahre Natur zeigen, die nonduale Quelle allen Seins. Man kann ihr verschiedene Begriffe zuordnen – Tao, Brahman, Gott, Nichts, Leere, das Absolute, das Eine, Urgrund usw. In jedem Zeitalter und jedem Kulturkreis entstanden andere Begriffe für unsere wahre Natur, aber Begriffe spielen in der subjektiven Erfahrung nicht die geringste Rolle. In der Erfahrung ist es einfach das natürliche und unveränderliche Empfinden zu existieren: **Ich bin.** Diese Ebene nennen wir nondual, denn letztlich existiert nur das Eine in allen. Und die Natur dieses Einen in allen ist Liebe (griechisch: Agape). Auf dieser Ebene gibt es kein Problem, da wir auf ihr, anders als auf der dualen Ebene, keinem Wechsel oder Wandel unterworfen sind.

Unsere wahre Natur haben wir jedoch in der Regel vergessen. Die Welt hat unsere Aufmerksamkeit dermaßen absorbiert, dass wir tatsächlich glauben, das Lebewesen zu sein, welches, umgeben von anderen Lebewesen und der monumentalen Kulisse des Kosmos, lediglich als eine Art “Arbeits-Ich” dient.

Man mag unsere SELBST-Vergessenheit mit der Konzentration eines Schachweltmeisters vergleichen, in dessen Geist nur noch die Schachfiguren und das Spiel existieren. Auch wir haben uns im Lebensspiel auf der dualen Ebene sozusagen "selbst ausgeblendet" oder "selbst verlassen" und dabei vergessen, wer wir wirklich sind. Und so glauben wir nun tatsächlich, dass unser "Arbeits-Ich" auf der dualen Ebene alles ist, was wir sind. In Wahrheit dient unser Arbeits-Ich lediglich dazu, kreativ zu werden und zum Ausdruck kommen zu können. Das "Arbeits-Ich" ist wie ein Pinsel in der Hand eines Malers, wie Hammer und Meißel in der Hand eines Bildhauers, wie ein Stift in der Hand eines Schriftstellers.

Wenn wir uns nun darin üben, in allen möglichen Situationen zu lieben, insbesondere während jeder negativen Emotion und Situation, gehen wir jedes Mal auf Distanz zu dem aktuellen Geschehen auf der dualen Ebene und nehmen dadurch automatisch unsere nonduale Position ein. Je vertrauter wir mit ihr werden, desto mehr rückt unsere wahre Natur in den Vordergrund unseres Bewusstseins. Und irgendwann kommt der Punkt, an dem sie durch nichts mehr, weder durch die Aktivitäten des Arbeits-Ichs noch durch missliche Lebensumstände, in den Hintergrund rückt.

Egal, in welchem negativen emotionalen Zustand du dich befindest: Indem du ihn 1. **wahrnimmst**, ihn 2. **akzeptierst** und dich 3. **darin liebst**, entkoppelst du dich von der jeweiligen Emotion oder Situation und bringst dich sozusagen "in Leerlauf". Und was genau ist dieser entkoppelte Zustand? Nichts anderes als dein natürlicher Zustand.

Durch deine Gewohnheit, dich ausschließlich als Person (Arbeits-Ich) auf der dualen Ebene wahrzunehmen, wird es dir anfangs so erscheinen, als wäre der entkoppelte Zustand eine ganz besondere Erfahrung. Daher wird es dich wahrscheinlich ziemlich frustrieren, wenn du immer wieder in negative emotionale Zustände abrutschst, und du wirst alles versuchen, um erneut diese "Gipfelerfahrung" zu machen. Wenn du jedoch in der Übung fortschreitest und dich nicht davon abbringen lässt, in allem zu lieben, wirst du immer schneller entkoppelt werden. Schließlich wirst du deine nonduale Position nicht mehr verlassen. Nicht deshalb, weil du nun bombenfest in ihr verankert wärst, sondern ganz im Gegenteil - weil das irrationale Empfinden, du müsstest oder könntest irgendetwas tun, um eine Veränderung herbeizuführen, sich aufgelöst hat. Und dann kann dich kein Ereignis in der Außenwelt, weder ein Hochgefühl noch ein negatives Gefühl, mehr involvieren und dominieren.

Deine wahre Natur reagiert ähnlich wie ein Ball, der unter Wasser gedrückt wird. Sobald der Druck auf ihn weicht, schnellt er von selbst an die Wasseroberfläche zurück. Was löst Druck aus in unserem Leben? Was "unterdrückt" unsere wahre Natur? Nicht die Schwierigkeiten, nicht die Probleme, mit denen wir alle zeitweise konfrontiert sind, sondern unsere Identifikation mit den Erfahrungen, die wir als Arbeits-Ich im Alltag machen. Es ist immer nur diese Identifikation, die "den Ball unter Wasser drückt". Und nur deshalb fühlst du dich in schwierigen Situationen vom Untergang bedroht. Entdeckst du deine wahre Natur, bist du in der Position des objektlos liebenden Zeugen, und der steht immer über den Dingen. Ebenso wie ein Ball selbst bei tobender See über Wasser schwimmt, werden dich die Stürme des Lebens dann nicht mehr in den "Untergang" treiben können.

Was ist dann geschehen? Bist du in einen neuen Bewusstseinszustand übergewechselt? Bist du zu deinem Selbst zurückgekehrt? Nein, **denn du warst schon immer das eine und einzige Selbst.** Du hattest nur vergessen, dass du es bist und überhaupt nichts anderes sein kannst. Und nun ist die Amnesie überwunden!

Zurück zu der Grafik: Viele Leser meiner ersten beiden Bücher wollten durch die Übung, alles zu lieben, lediglich **vom Minus ins Plus** gelangen. Mit anderen Worten: Sie wollten schmerzhafte Situationen in Situationen der Freude verwandeln. Triste Einsamkeit in harmonische Zweisamkeit. Rote Zahlen in schwarze Zahlen auf ihrem Bankkonto. Frustration oder Depression in Glückseligkeit. Diese Wünsche sind verständlich und legitim. Manchmal erfüllen sie sich auch ziemlich schnell. Doch diese Veränderung ist immer nur temporär. Sie kann nur temporär sein, denn auf der dualen Ebene ist nur eines beständig: der Wandel.

Nonduales Bewusstsein harmonisiert deinen Erlebniskosmos ohne dein Zutun. Dies ist sozusagen eine natürliche Folge. Darum geht es bei der Übung zunächst um die Entkopplung von deinem Arbeits-Ich, um zu erkennen, wer du wirklich bist.

Bedeutet das, dass du dann vollkommen bist? Mitnichten! Vollkommenheit ist ein Konzept, das auf einer speziellen Vorstellung von Vollkommenheit basiert. Es ist mit anderen Worten auch ein Produkt deines Bestrebens, vom Minus ins Plus zu kommen. In diesem Fall: von der Unvollkommenheit zu "deiner Vorstellung" von Vollkommenheit. Im Prinzip derselbe unerfüllbare Wunsch wie derjenige, vom Schmerz in einen dauerhaften Zustand der Freude zu gelangen.

Nonduales Bewusstsein kann man gar nicht erlangen. Denn nonduales Bewusstsein ist nichts anderes als deine wahre Natur, die du lediglich, involviert in die Aktivitäten deines Arbeits-Ichs, vergessen hattest. Wird die Amnesie überwunden, kann dich kein Ereignis in deinem Leben mehr aus der Fassung bringen. Denn all unsere Probleme wurzeln ausschließlich in dem "scheinbar" verloren gegangenen Bewusstsein unserer wahren Natur.

Stell dir vor, du hättest eine ganze Woche in einem Fünf-Sterne-Hotel übernachtet und müsstest nun an der Rezeption die Rechnung bezahlen. Beim Griff in die

Westen- oder Handtasche bemerkst du: Die Geldbörse mit deiner gesamten Barschaft und sämtlichen Kreditkarten ist weg! Welche Gefühle würden entstehen? Der Schreck würde dir in die Knochen fahren, nicht wahr? Womöglich würdest du sogar ins Schwitzen geraten und mit zitternden Händen hektisch in allen noch vorhandenen Taschen nach dem Portemonnaie zu suchen beginnen. Scham und Wut würden entstehen, wenn du den neugierigen und womöglich auch hämischen Blicken der hinter dir wartenden Hotelgäste begegnest. Stell dir nun das wonnevolle Gefühl der Erleichterung vor, wenn du schließlich bemerken würdest, dass sich die Geldbörse im Seitenfach deiner Reisetasche befindet. Du hattest lediglich "vergessen", dass du sie dort verwahrt hast. Im Nu würden dein Selbstbewusstsein und deine innere Ausgeglichenheit zurückkehren.

Ungleich größer ist der Effekt, wenn die Erinnerung an unsere wahre Natur zurückkehrt. Denn mit ihr würde dir klar, dass deine wahre Identität niemals verloren ging. Du hast lediglich vergessen, wer du in Wahrheit bist, und all deine Aufgeregtheit und deine verzweifelte Suche nach dem Sinn deines Lebens, nach einem Zustand innerer Ausgeglichenheit und Harmonie, nach besseren Lebensumständen, sie war gänzlich umsonst. Egal, was von da an geschieht: Nie mehr wirst du der irrationalen Idee auf den Leim gehen können, dass dir etwas fehlt. Im nondualen Bewusstsein tauchen zwar weiterhin Freude und Schmerz auf. Doch weder Freude noch Schmerz können es beeinträchtigen. Es ist so stabil wie ein Fels in der Brandung.

Nonduales Bewusstsein zerstört also nicht die duale Ebene, denn dein Körper und die ihn umgebende Welt werden natürlich weiter bestehen. Es zerstört auch nicht dein "Arbeits-Ich", dein Ego. Im Gegenteil, nonduales Bewusstsein harmonisiert dein Arbeits-Ich, weil der aberwitzige Glaube ausradiert wird, du müsstest dein Leben in eigener Regie managen und alle möglichen Ziele erreichen, damit etwas Ordentliches aus dir wird.

Solange es dir so erscheint, als könnte dein natürlicher Zustand kommen und gehen, gilt es, sich darin zu üben, alles zu lieben. Je radikaler du dich in allem zu lieben vermagst, desto schneller wird die Vorstellung, das Arbeits-Ich zu SEIN, zerstört werden können. **Und diese Zerstörung ist wahre Freiheit.**

Es ist unmöglich, den Zeitpunkt vorauszusagen, an dem das geschieht, weil der Desillusionierungsprozess von vielen Faktoren abhängig ist. Du kannst jedoch sicher sein, dass es geschieht, denn dieser Prozess, in dem wir uns übrigens bereits befinden, mündet ausnahmslos in der Rückkehr zur Quelle. Es gibt kein Lebewesen, dem sie nicht vorherbestimmt ist!

Teil II

Das höchst positive Werk der Desillusionierung

Niemand hört gern, dass in seinem Leben etwas zerstört werden muss, doch die Zerstörung, über die ich hier - auch aus eigener Erfahrung - berichte, ist höchst positiv. So positiv wie etwa die Rodung von Brachland, das für eine Pflanzung urbar gemacht wird.

Zorn, Traurigkeit und Angst, diese negativen Gefühle, die wir in all ihren Variationen möglichst für immer loswerden wollen, sind an sich nicht problematisch. Problematisch und destruktiv wirken sich diese negativen Emotionen nur dann aus, wenn du - involviert in die Aktivitäten deines Arbeits-Ichs - an deiner wahren Natur vorbeiblickst.

Wer mit der von mir empfohlenen Übung beginnt, erlebt oftmals zunächst all die Wunder, die er erwartet. Aber wie bereits erwähnt, dienen sie lediglich als eine Art Köder, um dich anzuspornen, kontinuierlich weiter zu lieben. Hängst du erst mal an der Angel, gibt es nämlich kein Zurück mehr, weil du hoffnungslos in die Liebe verliebt bist.

Ist das erst einmal der Fall, kann das höchst positive Werk der Desillusionierung beginnen. Eine Leserin schrieb mir: “Ich arbeite regelmäßig mit deinem Buch ... und verstehe so langsam, wie ich die Liebe in mir erwecken kann. Jetzt treten aber permanent negative Situationen auf. Mein Sohn hatte einen Verkehrsunfall und hat sein Auto zu Schrott gefahren. Mit meinem Partner streite ich seitdem. Und jetzt hat mir die Bank noch das Konto gesperrt. Ich weiß ja, dass alte Gedanken erst durchlebt werden müssen, aber manchmal ist es echt zum Mäusemelken ...”

Wer die Methode anwendet, um vom Minus ins Plus zu kommen, wird natürlich, wenn solche negativen Dinge geschehen, zu glauben versucht sein, die Methode sei nichts weiter als ein Riesenflop. In Wahrheit haben all diese Ereignisse nur einen Sinn: Sie beweisen dir, dass du dich mit deinem Bemühen, auf der dualen Ebene vom Minus ins Plus zu kommen, auf der falschen Fährte befindest. Ich weiß nicht, was in deinem Leben geschehen muss, um dir dafür die Augen zu öffnen. Es muss nicht zwangsläufig zu Schwierigkeiten in der Außenwelt kommen. Wenn es dazu kommt, beweist dies lediglich, wie sehr du noch auf Ereignisse in der Außenwelt fixiert und mit ihnen identifiziert bist.

Auch ich wurde mit dieser unangenehmen und gleichzeitig so heilsamen Erfahrung konfrontiert. Nachdem ich bereits eine Zeit lang höchst erfolgreich mit der Methode gearbeitet hatte, überfiel mich eine Depression, wie ich sie noch niemals zuvor erlebt hatte. Während nahezu täglich begeisterte Leserfeedbacks auf mein Buch *Leide nicht - liebe* eintrafen, befand ich mich über einen Zeitraum von immerhin drei Wochen in einem erbärmlichen Zustand. Zwar hatte ich auch in den Jahren zuvor immer wieder einmal teilweise auch längere depressive Phasen erlebt, diese aber erwies sich als unvergleichlich bedrückender und trostloser. Ich will ganz ehrlich sein, liebe Leserin, lieber Leser: Die Liebe-Übung erschien mir schließlich so sinnlos, dass ich mehr als einmal versucht war, sie an den Nagel zu hängen! Gott sei Dank war ich schon viel zu sehr mit dem Agape-Virus infiziert, um dieser Versuchung nachgeben zu können. Vorher war es mir bei depressiven Phasen über kurz oder lang immer gelungen, das Gefühl von Leere und Sinnlosigkeit zu unterdrücken, willentlich zu verdrängen, oder ich hatte mich, Ablenkung suchend, in allerlei Aktivitäten gestürzt. Das war mir aber nun einfach nicht mehr möglich. Ich hatte gar keine andere Wahl, als der inneren Leere mitten ins trostlose Antlitz zu blicken und mich auch darin zu lieben - allerdings ohne nur ein Jota Liebe zu spüren! Schließlich verwandelte sich die öde Leere in beständigen Frieden. Dies erwies sich als letzte Phase des höchst positiven Werks der Desillusionierung.

Sei daher nicht allzu erstaunt, wenn auch du nach einer gewissen Zeit konsequenten Übens in eine Krise gerätst. Die Symptome variieren, die Ursache jedoch ist immer dieselbe: Wenn wir die objektlose Liebe und damit unsere wahre Natur zu lieben beginnen, bäumt sich unser Ego mit aller verfügbaren Macht gegen das höchst positive Werk der Desillusionierung auf, weil es blind dafür ist, dass dessen Vollendung wahre Freiheit bedeutet. Dem Ego erscheint diese Übergangsphase vielmehr so, als wäre seine Hoffnung auf ein besseres Leben dahin. Du musst jedoch diese Krise nicht etwa suchen, musst dich auch nicht darum bemühen, dich auf sie einzulassen, denn wenn dir tatsächlich die Gunst zuteilwerden sollte, in diese Phase einzumünden, bleibt dir gar nichts anderes mehr übrig, als in ihr zu verharren. Wie lange diese Phase andauern mag - darüber ist keine Vorhersage möglich. Sicher ist nur, dass sie endet. Und dieses Ende ist dann erreicht, wenn das Ego es endgültig aufgibt, vom Minus ins Plus zu gelangen. Wenn anschließend Frieden erscheint, ein Frieden, der nie mehr von dir weicht, ist dies der Beweis dafür, dass das Ego in seiner falschen Annahme, jemals einen anderen, besseren Bewusstseinszustand erreichen zu können, desillusioniert worden ist.

Unsere wahre Natur könnte man mit einer verhüllten Statue vergleichen. Nimmt man die Hüllen weg, wird sie sichtbar. Daher ist nicht Erleuchtung (Zugewinn), sondern Desillusionierung (Verlust) notwendig, um unsere wahre Natur zu entdecken. Und zwar im wahrsten Sinne des Wortes: **Ent**-decken wir, was unsere wahre Natur **ver**-deckt, erscheint sie und mit ihr ein Frieden, der wie im

Auge eines Zyklons von jedem Lebenssturm unberührt bleibt.

In den nächsten 16 Abschnitten werde ich einige Illusionen aufdecken, die in unserem Verstand das Trugbild erzeugen, wir seien getrennt von unserer wahren Natur. Diese Täuschung ist der wahre Grund unserer rastlosen Suche nach "mehr", als jeweils im Augenblick da ist. Sie ist die Ursache unseres Irrglaubens, die Erreichung unserer Lebensziele und Wünsche sei abhängig von unserem Tun. Du musst die Illusionen jedoch nicht selbst als solche entlarven. Desillusionierung geschieht mühelos, sobald wir sie als Illusionen des konditionierten Verstandes durchschauen.

Liebe Leserin, lieber Leser, es ist durchaus möglich, dass dich der ein oder andere nun folgende Abschnitt "**ent**-täuschen" und daher innere Widerstände hervorrufen wird. Im Prozess der Desillusionierung sind jedoch Widerstände nicht gänzlich vermeidbar. Wenn du sie wahrnimmst, erinnere dich bitte daran, dass sie beweisen, dass gerade etwas höchst Positives geschieht. Ich bin mir ganz sicher: Tief in dir ist ein Ja zu diesem Prozess! Gib diesem Ja eine Chance, anstatt deinem rebellierenden Ego allzu viel Gehör zu schenken, denn es gibt letztlich kein größeres Geschenk als die Entdeckung deiner wahren Natur.

Die Illusion: Liebe muss ich fühlen können

Die alten Griechen waren weise Menschen. Daher wussten sie drei Arten von Liebe zu unterscheiden. *Eros* nannten sie die "begehrliche Liebe". Als *Philia* bezeichneten sie die "Liebe unter Freunden". *Agape* nannten sie Liebe dann, wenn sie "bedingungslos", man könnte ebenso sagen "interesselos", war.

Weil wir Liebe in der Regel von Bedingungen, Vorstellungen und Erwartungen abhängig machen, wissen wir zumeist nicht, was Agape in Wahrheit ist. Heute, nach zweitausend Jahren, wissen wir, dass Jesus ein hochkarätiger spiritueller Meister war. Hättest du ihn jedoch persönlich erlebt – wäre dir sein Handeln immer als Akt bedingungsloser Liebe erschienen? Die höchsten religiösen Würdenträger seiner Zeit bezeichnete er als Heuchler, Narren, blinde Blindenführer, Kinder der Hölle, Verblendete, Schlangen und Otterngezücht und verglich sie mit übertünchten Gräbern voller Totengebeine und Unrat. Hätte ein wahrer Weiser nicht vielmehr Verständnis für die armen verirrten Schafe aufbringen und jedes erdenkliche

Mittel anwenden müssen, um sie aus der Gefangenschaft ihres verblendeten Verstandes zu befreien?

Agape macht uns nicht zu Weicheiern! Im Gegenteil: Sie macht uns zu emotional gesunden Menschen. Wer nicht zornig werden und zu seinem Zorn stehen kann, wer immer nur für etwas, jedoch nie gegen etwas ist, wer immer nur lächelt und niemals ärgerlich wird, wer immer nur positiv und niemals negativ ist, mag ja ein ganz netter, sympathischer Typ sein, in dessen Gesellschaft man sich nur allzu gern aufhält - ein Ausdruck "bedingungsloser" Liebe jedoch ist das nicht, wie es die Handlungsweise des Nazareners beweist.

Ein spiritueller Meister kann ebenso hassen wie lieben. Ebenso würdigen wie verachten. Ebenso tolerant wie intolerant sein. Ebenso kompromissbereit wie kompromisslos sein. Ebenso lachen wie weinen. Ebenso freundlich wie unfreundlich, ebenso hilfsbereit wie verschlossen, ebenso sanft wie hart sein.

Wenn du das Agape-Konzept anwendest, wirst du kein Jünger der Liebe, sondern "natürlich". Kein Verbiegen, keine Heuchelei, kein angepasstes Verhalten.

Deine wahre Natur ist akausal, das heißt, sie ist unabhängig von Ursache und Wirkung. Sie funktioniert nach ihrem eigenen Gesetz. Und daher kann sie in ihrem Ausdruck niemals anhand eines Verhaltenskodex beurteilt werden.

Bedingungslos nennt man Agape deshalb, weil sie nicht an Bedingungen oder Interessen geknüpft ist. Und sie kümmert sich auch nicht um das Urteil anderer Menschen. Agape ist ein Bewusstseinszustand, keine Emotion. In diesem Bewusstsein kann jedes Gefühl auftauchen, ohne es in seiner Stabilität zu beeinflussen. Dieses Bewusstsein nennt man auch deshalb nondual, weil es nicht von der Polarität der Gefühle abhängig ist. Gefühle werden ebenso wahrgenommen wie der Herzschlag oder der Atem. Was da ist, ist da und wird nie als problematisch empfunden.

Wenn du beginnst, dich in Agape zu üben, ist das Gefühl der Liebe noch außerordentlich wichtig für dich. Ich habe hochwirksame Methoden entdeckt, um dieses Gefühl in dir erwecken zu können. Wenn du jedoch erst einmal ein Übender bist und die Übung verinnerlicht ist, wirst du keinen besonderen Wert darauf legen, die Liebe zu fühlen. Warum? Nun, weil das Liebesgefühl von nondualem Bewusstsein abgelöst wird. Das Gefühl objektloser Liebe bildet nur die Brücke zum Agape-Bewusstsein. Hast du sie überschritten, brauchst du sie nicht mehr. Selbst wenn diese Brücke hinter dir gesprengt werden würde, würde es dich nicht bekümmern.

Stabiles nonduales Bewusstsein ist das Ziel dieser Übung! Die "wunder"vollen Gefühle der Liebe sind nur ein günstiger Nebeneffekt! Und das ist das Geniale bei dieser Übung: Sie vermag unseren Erlebniskosmos aufgrund des Resonanzgesetzes positiv zu verändern und führt **gleichzeitig** zu nondualem Bewusstsein.

Die Illusion: Ohne romantische Liebe kann ich nicht glücklich sein

"Wahrheit bedeutet nicht, etwas zu wissen ... Es bedeutet Nichtwissen. Es hat nichts mit dem Werden von Wahrheit zu tun, sondern mit dem Nichtwerden von Unwahrheit, sodass alles, was übrig bleibt, wahr sein muss."
Jed McKenna

Vor einiger Zeit erzählte mir eine Dame mittleren Alters zu Beginn eines Einzelcoachings: "Mein Mann hat mich vor einigen Jahren verlassen. Vor einem Jahr lernte ich dann einen anderen Mann kennen. Doch der hat sich nun auch aus dem Staub gemacht. Ich bin so unglücklich über die Ereignisse in den letzten Jahren. Dabei visualisiere ich seit Jahren meinen Traumpartner. Umsonst."

"Du kannst also nur dann glücklich sein, wenn dir der richtige Partner begegnet?", fragte ich sie.

"So ist es, ja, genauso."

"Woher willst du wissen, dass das wahr ist?"

“Nun, weil ich bis vor vier Jahren, bevor mein Mann mich verließ, glücklich war. Natürlich nicht jeden Tag, aber im Grunde genommen ging es mir gut.”

“Und nun denkst du, wenn ich einen Partner hätte wie damals, wäre ich wieder glücklich, nicht wahr?”

“Klar!”

“Und du bist dir ganz sicher, dass du mit dieser Annahme richtig liegst?”

“Sicher bin ich mir natürlich nicht. Aber relativ sicher.”

“Du machst also dein Glücklichsein abhängig von einem Partner, mit dem du mindestens ebenso glücklich sein kannst wie mit deinem Exmann?”

Sie schaute mich eine Weile an, ohne etwas zu entgegnen. Dann sagte sie leise: “Sind wir, was das Glücklichsein angeht, nicht alle abhängig davon, geliebt zu werden?”

“Die Frage ist wiederum: Ist das tatsächlich wahr?”

“Es ist meine Erfahrung.”

“Meine Frage war nicht: Ist es deine Erfahrung, sondern ist das wirklich wahr?”

“Was ist Wahrheit?”, fragte sie zurück, “woher soll ich wissen, ob das wirklich wahr ist?”

Natürlich, sie kann es nicht wissen. Auf diese Erkenntnis lief meine Frage hinaus. Wir wissen nicht, ob unsere Vorstellungen über das Glücklichsein wahr sind. Wir nehmen es an und berufen uns dabei auf unsere Erfahrung. Aber woher wollen wir denn so genau wissen, ob uns unsere Erfahrung nicht täuscht. Schließlich gibt es auch Menschen, die es vorziehen, allein zu leben, und die gerade deshalb glücklich sind.

Was wir zu wissen meinen orientiert sich immer an unseren Erwartungen und Vorstellungen. Diese Dame lebte in der Vorstellung, dass sie nur glücklich sein kann, wenn sie von einem Partner geliebt wird. Sie berief sich dabei auf ihre Erfahrung, die sie in ihrer ersten Ehe gewonnen hat. Doch die Erfahrung gehört der Vergangenheit an. Womöglich findet sie einen anderen Partner, mit dem sie glücklich wird. Doch das wäre kein Beweis dafür, dass ihre Annahme stimmt. Es wäre nur eine Bestätigung ihrer Annahme. Sie wird die Wahrheit nur dann herausfinden können, wenn sie keinen Partner findet. Zumindest nicht, bevor sie herausfindet, was Wahrheit ist. Deshalb stellte ich eine Gegenfrage: "Willst du denn wissen, ob deine Annahme stimmt?"

Sie nickte.

Ich führte sie in einer Fantasiereise in das wonnevolle Gefühl objektloser Liebe. Anschließend fragte ich sie, wie sie sich fühlte.

"Außerordentlich glücklich", sagte sie, "mir ging das Herz auf."

"Fühlst du dich jetzt geliebt?"

"Ja, sehr sogar. Ach, wenn ich doch diesen Zustand halten könnte."

"Was spricht dagegen?"

Sie dachte nach und sagte dann: “Der Alltag.”

“Was meinst du genau, wenn du sagst: der Alltag?”

“Ich weiß nicht, ob ich ohne deine Hilfe in der Lage sein werde, immer so glücklich zu sein, wie das jetzt der Fall ist.”

“Hast du nicht eben gerade erlebt, dass du Glücklichsein ohne Partner erfahren kannst?”

“Ja.”

“Was genau könnte diese Erfahrung in Zukunft verhindern?”

“Hm ...”, sie überlegte eine Weile, “letztlich hindert mich einzig und allein meine Vorstellung, nur mit einem Partner glücklich sein zu können.”

“Einzig und allein deine Vorstellung, sagst du - stimmt genau. Die Situation ist es offenbar nicht, denn sie hat sich ja überhaupt nicht verändert. Du hast immer noch keinen Partner, und doch bist du jetzt überaus glücklich. Ich kann es dir ansehen.”

“Schon richtig, aber wie kann ich mich von dieser Vorstellung lösen?”

“Warum solltest du dich von ihr lösen müssen? Wenn du, wie gerade eben, feststellen könntest, dass es sich nicht um die Wahrheit, sondern nur um eine Vorstellung handelt, bist du sie bereits los!”

“Schon, schon, aber das befreit mich doch nicht von ihr.”

“Wieso nicht?”

"Die Vorstellung wird immer wieder kommen, da bin ich mir ganz sicher. Und wenn sie da ist, nützt es mir nichts, wenn ich weiß, dass es nur eine Vorstellung ist."

"Angenommen, dir begegnet im Traum ein Monster: Wie würdest du darauf reagieren, wenn du wüsstest, dass es ein Traum ist? Ich meine: Hättest du Angst vor dem Monster?"

"Nein, Angst hätte ich dann sicherlich nicht."

"Ganz genau. Wenn dir bewusst ist: Das Monster ist gar nicht echt, sondern nur eine Vorstellung, bleibst du souverän. Und das ist die Befreiung. Ganz egal, wie oft die Vorstellung auch erscheint, **wenn du sie als Vorstellung identifizieren kannst**, bist du sofort von ihr befreit. Es ist so, als würdest du vor dir ein Fallbeil herabsausen sehen. Es kann dich unmöglich treffen, solange dein Kopf nicht unter ihm liegt."

Wir können nicht sagen, was Wahrheit ist. Wir können jedoch herausfinden, was sie nicht ist. Das ist das Ergebnis der Wahrheitssuche. Du findest heraus, was nicht Wahrheit ist. Und darin liegt die Befreiung. Denn es gibt nur Situationen. Erst unsere Bewertung macht aus der jeweiligen Situation eine günstige oder ungünstige Situation. Bewertungen sind keineswegs wahr. Es sind nur Vorstellungen, und wenn wir sie als solche identifizieren, können sie uns womöglich emotional beeinträchtigen, aber niemals versklaven.

Wenn du all deine Bewertungen als Illusionen durchschaut hast, Illusionen, die dein konditionierter Verstand ohne Unterlass produziert, könntest du dir sogar die Frage stellen: “Ist es wirklich wahr, dass ich hier sitze oder stehe, gehe oder laufe?” “Natürlich”, wird dir dein Verstand voller Verwunderung zur Antwort geben, “das ist doch wohl sonnenklar!” Aber so klar ist das ganz und gar nicht. Denn im Traum glaubst du ja auch felsenfest, einem Monster zu begegnen, obwohl du ganz friedlich im Bett liegst und schläfst. Wenn du der Wahrheit auf den Grund gehst, wirst du schließlich feststellen müssen, dass **überhaupt nichts wahr** ist. Dass alles, was du erlebst, lediglich auf einer Vorstellung beruht. Dass selbst dein Körper eine Vorstellung ist. Dass auch die dich umgebende Welt eine Vorstellung ist. Und erst dann, wenn das klar ist, ist die Wahrheitssuche vorbei. Du weißt dann immer noch nicht, was Wahrheit ist, aber du weißt, was Unwahrheit ist. Und darin, in dem Wissen, was Unwahrheit ist, wird nur deine wahre Natur übrig bleiben und nie mehr verschwinden.

Die Illusion:
Jeder Wunsch wird mit der richtigen Technik Realität

Kein Zweifel, unsere Gedanken haben die Tendenz, sich ihrem jeweiligen Inhalt entsprechend in unserem Erlebniskosmos zu manifestieren. Denn die kosmische Energie fließt immer in die Richtung unserer Aufmerksamkeit. Das ist ein geistiges Gesetz. Ebenso wie ein Stein, den du ins Wasser wirfst, immer und jedes Mal kreisförmige Wellen erzeugt, erzeugen deine Gedanken immer "Wellen" in deinem Erlebniskosmos. Daher: Bist du gedanklich überwiegend mit Gesundheit, Wohlstand und Erfolg statt mit der Befürchtung beschäftigt, zu erkranken, zu verarmen oder nicht erfolgreich zu sein, wird dein Leben zweifellos angenehmer verlaufen. Ebenso wahr ist jedoch, dass sich nicht jeder beliebige Wunsch, der sich in uns zu einem geistigen Bild oder einer Zukunftsvision formt, eins zu eins manifestiert.

Wunscherfüllung ist letztlich nicht eine Frage der richtigen Technik. Ein Wunschzettel, den ein Kind an den Weihnachtsmann schreibt, mag effektiver sein als komplexe Zielerreichungsstrategien, die Topmanager in teilweise sündhaft teuren Seminaren beigebracht werden. Simple "Bestellungen beim Universum" nach der leicht verständlichen Anleitung Bärbel Mohrs in ihrem gleichnamigen Buch mögen ausreichen, damit sich ein Wunsch erfüllt. Die Erfahrung beweist es uns doch: Jeder Hansdampf kann mit der Abgabe des ersten Lottoscheins Millionen gewinnen. Einem wahren Genie in den Techniken der Wunscherfüllung mögen sie lebenslang versagt bleiben. Weshalb? Nun, weil es zwar stimmt, dass Gedankeninhalte die Tendenz zur Verwirklichung haben; weil es jedoch ebenso wahr ist, dass das **Ergebnis** der angewandten Wunscherfüllungstechniken, auch wenn wir sie wirklich beherrschen, nicht in unserer Hand liegt. Daher ist es möglich, dass jemand "zufällig" Millionen im Lotto gewinnt und ein anderer, der das Know-how eines Magiers besitzt und auch einsetzt, nicht annähernd so viel auf seinem Bankkonto hat.

Mark Twain fand in seinem Buch *Der geheimnisvolle Fremde* eine anschauliche Metapher für das Prinzip, dass die **Ergebnisse** unserer Handlungen zwar manchmal vorhersehbar, jedoch nur scheinbar durch uns beeinflussbar sind:

"Ihr stellt eine Reihe von Ziegeln hochkant mit ein paar Zoll Zwischenraum auf, dann stoßt ihr einen Ziegel um. Der bringt den nächsten zu Fall. Der wieder den nächsten - und so weiter, bis die ganze Reihe umgekippt ist. Das ist das menschliche Leben. Die erste Handlung eines Kindes wirft den Anfangsziegel um, und alle anderen fallen unerbittlich nach ..., den Verlauf des Lebens kann nichts mehr ändern, nachdem das erste Ereignis ihn festgelegt hat. Das heißt, nichts wird ihn ändern, weil jede Handlung unfehlbar eine Handlung erzeugt und diese wieder eine und so weiter bis zum Ende, und der Seher kann die Reihe nach vorn überblicken und sieht eben, wann jede zwischen Wiege und Grab liegende Handlung eintreten muss."

Manche Lehrer mentaler Techniken bemühen sich emsig, erfolglosen Universums-Bestellern klarzumachen, man müsse Wünsche nach der bildhaften Vorstellung loslassen oder vergessen. Es ist durchaus möglich, dass sich durch die Beherzigung dieser Instruktion Wünsche erfüllen; oftmals wird jedoch der, der sich darum bemüht, gerade wegen seines Bemühens nicht loslassen können. Andere haben noch nie etwas von Visualisierung oder Loslassen gehört und doch, was sie anvisieren, erreichen sie auch. Ich kenne solche Menschen. Du vielleicht auch.

Haben sie alles richtig gemacht? Offenbar, aber warum nur - wo sie doch die mentalen Techniken nicht oder nur unzulänglich kannten? Die Antwort ist simpel: Was im Kosmos geschehen soll, das geschieht! Und sonst gar nichts. Stell dir nur einmal vor, alles, was wir uns bildhaft vorstellen können, würde sich realisieren.

Schockschwerenot, da wäre ich in früheren Zeiten einige Male zum Totschläger geworden! Oder hast du in deiner Fantasie noch niemals jemanden umgebracht? Wenn sich ein Wunsch nicht nur zu einem geistigen Bild formt, sondern sich dir förmlich aufdrängt, dich nicht mehr loslässt, ist die Wahrscheinlichkeit hoch, dass du schlicht eine Szene deiner potenziellen Zukunft "vorhersiehst". Wann immer das der Fall ist, wird sie sich natürlich verwirklichen **müssen**. Viele erfolgreiche Menschen bezeugen, dass sie schon als Kinder von der Karriere träumten, die sie später im Leben tatsächlich machten. Andere sagen, sie hätten niemals daran gedacht, Karriere zu machen, ihr immenser Erfolg habe sie selbst überrascht. Hieraus wird ersichtlich, dass in Wahrheit immer nur das geschieht und geschehen kann, was die kosmische Energie aufgrund unseres Lebensplans manifestiert.

Es ist durchaus möglich, dass der Kosmos mit dem Entstehen eines Wunschbilds ein anderes Ziel als das der Wunscherfüllung verfolgt. Ein Wunsch, der sich nicht erfüllt, ist daher keineswegs nutzlos. Selbst wenn es uns so erscheinen mag, in der Ökonomie des Kosmos gibt es nicht die geringste Energieverschwendung. Daher sind enttäuschte Erwartungen nur vordergründig betrachtet ein Unglück, denn sie enthalten die lehrreichsten Lektionen für unser weiteres Leben! Aus dieser Sicht ist die Vorgehensweise des Kosmos durchaus ökonomisch: Wie sollten wir denn enttäuscht werden können, wenn sich all unsere Wünsche eins zu eins erfüllen würden? Es wäre völlig unmöglich!

Manche unserer Wünsche werden also nicht deshalb in unser Herz gelegt, um sich zu verwirklichen, sondern um uns zu enttäuschen. Und zwar im wahrsten Sinne des Wortes: ENT-TÄUSCHEN bedeutet ja letztlich nichts anderes als Befreiung von einer Täuschung. Daher ist ein unerfüllt gebliebener Wunsch ebenso positiv wie einer, der sich erfüllt.

Ich kenne eine Reihe von Menschen, die ihre Lebensaufgabe erst nach einer tiefgreifenden Krise fanden. Wie viele von uns mussten sie erst einmal ans Ende ihrer Kräfte und Möglichkeiten gelangen, ehe sie sich für tiefere Einsichten öffnen konnten. Manches Mal scheitern wir auch aus dem Grund, weil der Kosmos uns vor der Verwirklichung unseres Wunsches wichtige Lektionen beibringen möchte. Dies ist oft in meinem eigenen Leben geschehen. Ein Beispiel: Über ein Jahrzehnt schrieb ich wie ein Besessener mehrere Romane, für die sich kein Verlag interessierte. Die höflich formulierten Absagen würden sicher drei dicke Leitz-Ordner füllen. Kannst du dir vorstellen, wie deprimierend das ist? Aber wie hätte ich ohne all diese Enttäuschungen, die mich motivierten, es immer wieder neu zu versuchen und immer besser zu werden, jemals die Kunst des Formulierens erlernt? Ja, mein langgehegter Traum, Bücher zu veröffentlichen, ging schließlich in Erfüllung und war daher offensichtlich eine "Vorhersicht" meiner Zukunft gewesen. Doch die Verwirklichung lief ganz anders, als ich es mir vorgestellt hatte - sowohl was den Zeitpunkt der Publikation als auch was das Genre betrifft.

Gereifte Menschen sind ausnahmslos solche, die tiefe Täler durchschritten haben, und die Ursache hierfür ist immer irgendeine Art von Enttäuschung, weil sich bestimmte Vorstellungen und Erwartungen nicht oder zumindest nicht sofort und manchmal auch ganz anders als erwünscht erfüllen. Enttäuschung kann uns in einen Zustand innerer Leere führen, und dies ist die beste, wenn nicht gar die einzige Chance, um unsere wahre Natur zu entdecken.

Dennoch bleibt grundsätzlich wahr, was Jesus und alle Weisheitslehrer verheißen: "Alles ist möglich dem, der da glaubt!" Daher: Nutze deine Vorstellungskraft, um deinem Leben die von dir erwünschte Richtung zu geben. Nutze jedes dir zur Verfügung stehende Wissen, lerne den Einsatz der effizientesten Techniken und Methoden. Denn in Wahrheit tust **du** das alles sowieso nicht. Was wir tun, ist Ausdruck der kosmischen Energie - die wahre Ursache all unserer Gedanken, Gefühle, Entscheidungen, Handlungen. Dieses Prinzip wirst du jedoch erst dann vollständig erfassen können, wenn du erkennst, dass dein Ich nur ein virtueller Akteur ist. Mit diesem Thema beschäftigen wir uns im nächsten Abschnitt.

Die Illusion: Ich bin der unumschränkte Herr im Haus

"Ich lebe, doch nun nicht ich, sondern Christus lebt in mir."
Paulus an die Galater (2:20)

Das ist die Entdeckung all derer, die man als erwacht oder erleuchtet bezeichnet. Man lebt, doch das, was man (er)lebt, erweist sich bei näherer Betrachtung als **Nicht-Ich**. Der Apostel Paulus nannte das, was ihn lebte: Christus; Laotse, der Weise aus China: Tao; Shankara, der Weise aus Indien: Brahman; Plotin, der griechische Philosoph: das Eine; Jesus: Vater. Gemeint haben sie alle dasselbe: das Nicht-Ich.

Kein Zweifel – ich lebe! Doch untersuche ich diesen Eindruck, gehe ich ihm also auf den Grund, befinde ich mich in einem Widerspruch zu ihm: "Ich lebe, doch eigentlich **nicht ich** ..." Sondern? Ja, was lebt mich denn nun eigentlich? Schade, dass sich die meisten, die das Nicht-Ich entdeckten, gezwungen fühlten, etwas dahintersetzen zu müssen. Das hat eine Menge Verwirrung gebracht. Es spielt nämlich in Wahrheit überhaupt keine Rolle, wie wir das, was uns lebt, bezeichnen. Christus, Vater, Tao, Brahman, das Eine, kosmisches Gesetz - es ist völlig egal. In jedem Fall bin "ich" es nicht!

Die moderne Hirnforschung hat die Nicht-Ich-Entdeckung der sogenannten Mystiker entmystifiziert. "Das Gefühl", so Prof. Dr. Dr. Gerhard Roth, Gehirnforscher an der Uni Bremen und Rektor des Hanse-Wissenschaftskollegs, "dass ich als bewusst handelndes Subjekt der Herr meiner Handlungen bin, ist eine Illusion. Das Gehirn hat entschieden, bevor ich das Gefühl habe, dass ich das will, was ich gleich tun werde."

Damit befindet sich der Wissenschaftler in völliger Übereinstimmung mit den Mystikern. Ramesh Balsekar, ein indischer Weiser der neueren Zeit, antwortete auf die Frage "Was ist dann der Unterschied zwischen den Gedanken, Gefühlen und Handlungen einer erleuchteten Person und eines Menschen, der nicht erleuchtet ist?" folgendermaßen: "Der einzige Unterschied liegt darin, dass der gewöhnliche Mensch glaubt 'Das ist meine Handlung', während der Weise weiß, dass es niemandes Handlung ist. Der Weise weiß, dass Taten getan werden, Ereignisse geschehen, aber es gibt keinen individuellen Täter." Mir ist schon bewusst, dass sich die meisten unter einem Weisen einen geduldigen, gelassenen, tugendhaften Menschen vorstellen, aber wahre Weise wissen einfach nur, dass niemand etwas tut, egal was durch sie und ihre Zeitgenossen geschieht.

Kleinkinder, deren Bewusstsein noch nicht mit dem “Ich-Bewusstsein” infiziert ist, wissen das offenbar auch. Jeder von uns hat wohl schon mal gehört, wenn ein kleines Kind von sich sagt: “Peter hat Hunger.” Oder: “Gabi möchte aber nicht ihr Zimmer aufräumen.” Erst später im Leben denken wir uns als “Ich”.

Der Eindruck “Ich handle, ich entscheide” entsteht, so Benjamin Libet, Neurophysiologe an der University of California in San Francisco, “weil sich das Gehirn selbst betrügt. Es tut alles, um die Tatsache vor sich selbst zu verbergen, dass das Bewusstsein verzögert einsetzt, und projiziert das bewusste Erleben etwa eine halbe Sekunde zurück.”

Unser Eindruck, frei entscheiden zu können, ist also letztlich nichts anderes als Illusion. In Wahrheit sind wir Marionetten an Fäden, oder, wie es Mark Twain in seinem Buch *Der geheimnisvolle Fremde* ausdrückt: Freude-Schmerz-Maschinen. Und das bedeutet: Wir entscheiden und handeln gemäß den konditionierten Verhaltensmustern des limbischen Systems beziehungsweise unseres emotionalen Gehirns. Ich weiß aus eigener Erfahrung, wie “enttäuschend” das zunächst einmal klingt. In Wahrheit jedoch befreit uns diese Ent-täuschung von der Wurzel unserer Probleme.

Dass wir jeden Tag Entscheidungen treffen müssen, ganz so, als hätten wir einen freien Willen, verändert sich natürlich auch dann nicht, wenn wir ihn als Illusion durchschaut haben. Wie bei Paulus ist da weiterhin noch der Eindruck: "Ich lebe!" Und solange wir leben, müssen wir Entscheidungen treffen – wir sind niemals davon befreit, unter verschiedenen Alternativen zu wählen. Und dennoch: "Der Entscheidung unseres Gehirns", so der Hirnforscher Gerhard Roth, "geht immer ein großer Entscheidungsprozess voraus, unbewusst, der alle Erfahrungen, die ich seit dem Mutterleib gemacht habe, in Betracht zieht und bewertet."

Solange das Ego nicht zur Desillusionierung bereit ist, wird es gegen diese nicht nur von Mystikern verkündete, sondern auch durch wissenschaftliche Forschung verifizierte Tatsache rebellieren und sich seine Willensfreiheit mit allen Mittel zu beweisen versuchen. Nur ein vollständig desillusioniertes Ego ist fähig, liebend zu akzeptieren, dass es ein Instrument des kosmischen Willens ist.

Wer hinsichtlich des freien Willens desillusioniert ist, ist im Vorteil, weil es ihn niemals beunruhigt, wenn er Entscheidungen zu treffen hat. Und er grämt sich ebenso wenig über nachteilige Entscheidungen, die er in der Vergangenheit getroffen hat, weil ihm unzweifelhaft klar ist, dass immer nur das geschehen konnte und kann, was aufgrund seines genetischen Codes, seiner jeweils vorhandenen Konditionierung und der ebenso unkontrollierbaren Umwelteinflüsse geschehen musste und muss. Er ist sich dessen bewusst, dass er in Wahrheit niemals handelte und auch nie handeln wird, obwohl er natürlich als "virtueller Akteur" weiterhin Entscheidungen trifft und treffen muss.

Wenn alle Entscheidungen, die ich treffe, nur eine Reaktion auf die Entscheidungen sind, welche mir mein Gehirn vorgibt, entsteht natürlich die Frage: Ist es dann nicht vollkommen egal, welche Entscheidung ich treffe? Werde ich nicht ohnehin die Entscheidung treffen, die mir mein Gehirn vorgibt?

Vor den zu treffenden Entscheidungen scheint es natürlich keineswegs egal zu sein. Denn dabei bin ich stets in die Lage versetzt, günstige und ungünstige Entscheidungen treffen zu können. Daher werde ich natürlich anhand rationaler Kriterien überlegen müssen, welche Entscheidung vermutlich die beste Alternative darstellt. Aber die Tatsache, dass ich überhaupt darüber nachdenke, und auch der Fakt, dass ich mich für eine bestimmte Alternative entscheide, ist letztlich nichts anderes als eine Reaktion, die mir mein Gehirn vorgibt. Ich denke lediglich, dass ich denke. In Wirklichkeit werde ich immer gedacht.

"Also kann ich die Hände in den Schoß legen?" Das ist allerdings völlig unmöglich, weil dein Gehirn auf Aktivität programmiert ist. Du kannst ja mal versuchen, morgens im Bett liegen zu bleiben und nichts mehr zu tun. Dann wirst du schon erleben, dass dies völlig unmöglich ist.

"Führt die Überzeugung, dass mein Leben vorherbestimmt ist, nicht zum Fatalismus?" Ramesh Balsekar antwortet sinngemäß auf diese Frage: "Ganz im Gegenteil, sie führt zur größtmöglichen Freiheit! Wenn ich wirklich weiß, dass all meine Handlungen vorherbestimmt sind, kann ich tun, was immer ich tun will, denn was auch immer geschieht und geschehen **kann**, MUSS ja zweifelsfrei in meinem Lebensplan stehen - wie sonst sollte ich es tun **können**?"

Das letztendliche Ergebnis des Bewusstseins, dass in Wahrheit niemand handelt, weder ich noch meine Mitmenschen, ist tiefer Frieden. Weshalb? Nun, du brauchst dich doch nur einmal zu fragen, wodurch Unfrieden hauptsächlich ausgelöst wird? Zumeist durch den Eindruck, ich oder andere seien für das, was wir jeweils tun oder nicht tun, was wir jeweils erleben oder nicht erleben, verantwortlich!

"Ach, warum habe ich das nur getan? Hätte ich mich doch anders entschieden!

Weshalb muss so etwas Schreckliches gerade mir passieren?

Warum nur bin ich so, wie ich bin? (So fett, so dünn, so lang, so kurz, so schüchtern, so dominant usw.)

Wie konnte mir dieser Mensch nur so etwas Schreckliches antun?

Weshalb ist dieser Mensch nur so, wie er ist? Es wäre doch wesentlich vorteilhafter, wenn er so und so sein könnte.

Weshalb sind meine Lebensumstände nur so, wie sie sind? Wären sie anders, wäre es doch wesentlich besser um mich bestellt.

Könnte ich nur das und das endlich in meinem Leben verändern!

Hoffentlich passiert mir nicht das und das! Das wäre entsetzlich, es würde mich umbringen!"

Wir leben, wir handeln, das ist ganz offensichtlich, doch die eigentliche Ursache unseres Lebens und Handelns ist das kosmische Gesetz von Ursache und Wirkung, wie es Mark Twain so trefflich in seinem Ziegelbeispiel beschrieb. Wem diese Klarheit vergönnt ist, ist von all diesen quälenden und Konflikte verursachenden Fragen, Ängsten und Vorwürfen befreit. Und das bringt tiefen Frieden mit sich. Auf andere Weise stellt er sich nicht ein. Erst wenn das Ich als virtueller Akteur exponiert ist, erst wenn dir also unzweifelhaft klar ist, dass weder du noch deine Mitmenschen in Wahrheit jemals etwas tun, weil alles ein kosmisches Geschehen ohne einen individuellen Handelnden ist, kann dich nichts mehr erschüttern. Denn derjenige, den es erschüttern könnte, hat sich vom Acker gemacht!

"Es würde dich also nicht mehr erschüttern, wenn du beispielsweise einen geliebten Menschen verlierst?", fragte mich jemand, "machst du dir da nicht einfach nur was vor?"

Das ist eine wirklich gute Frage, weil ich durch meine Antwort das Ergebnis der Desillusionierung erläutern kann. Kein menschliches Wesen, das normal tickt, wird so ein Ereignis unberührt lassen. Der entscheidende Unterschied wäre, dass ich die zweifelsfrei stattfindende Erschütterung durch so ein tragisches Ereignis nicht als "meine" Erschütterung betrachten könnte. Das Geschehen als solches würde also "Erschütterung" in mir auslösen, doch da wäre niemand, der sich "persönlich" betroffen fühlen könnte. Da würde ein Schock erlebt werden, und da wäre natürlich auch tiefe Trauer, aber niemand, der es als "seinen" Schock betrachten und in Trauer versinken würde.

Wenn mir ein Mensch beispielsweise feindlich begegnet oder Unwahrheiten über mich in die Welt setzt, löst das natürlich Schmerz, manches Mal auch Ärger in mir aus. Womöglich werde ich ihn sogar zur Rede stellen, wobei ich gleichzeitig unfähig bin, ihm gegenüber eine vorwurfsvolle Geisteshaltung einzunehmen, einfach deshalb, weil mir bewusst ist, dass er in Wahrheit nicht handelt. Der Kosmos behandelt mich so, aus welchen Gründen auch immer, und "mein Gegner" oder "mein Feind" ist dabei nur sein hilfloses Instrument. Dass ich mich unter Umständen dagegen zur Wehr setze, hat jedoch dieselbe Ursache: Es ist ein kosmisches Geschehen, das ich ebenso wenig beeinflussen kann, wie er das seine zu steuern vermag.

Ich handle, doch eigentlich **nicht ich**! Der Eindruck "Ich lebe, ich handle" gründet auf einem Selbstbetrug des Gehirns. Hervorgebracht durch ein um eine halbe Sekunde "zeitversetztes" Bewusstsein. Unsere wahre Natur ist zeitlos und wird sie entdeckt, hat dieses Blendwerk der Zeit keine Chance mehr, uns vorzumachen, wir könnten etwas anderes sein als virtuelle Akteure.

Eine kleine Übung mag dir einen der Vorteile der Klarheit "Ich lebe, doch (eigentlich) nicht ich" klarmachen. Wenn du Lust hast, sie zu machen, notiere die jeweiligen Antworten auf einem leeren Blatt Papier.

1. Beschreibe drei Situationen aus deinem Alltag, die dir negativ erscheinen:

2. Meine emotionale Reaktion auf die Situationen ist zumeist (Formulierungsbeispiele: Es macht mich wütend. Ich bin sauer. Ich werde traurig. Ich fühle mich minderwertig.):

3. Lies dir die Sätze vor, lass dabei die entsprechenden inneren Bilder und Gefühle zu und achte dabei auf deine Empfindungen. Nach jedem Satz fragst du dich also: "Was fühle ich dabei?" Notiere deine Aussagen. (Formulierungsbeispiele: Ich werde so wütend, dass ich ausflippe. Ich bin so traurig, dass ich meine Tränen nur mühsam zurückhalten kann. Ich bin so

frustriert, dass ich am liebsten alles hinschmeißen würde.)

4. Streiche nun in deinen Sätzen alle persönlichen Fürwörter, das heißt alle Wörter, die sich auf dich als Person beziehen, und formuliere die Verben, die sich auf deine Person beziehen, in Infinitive um. Aus "Ich bin so frustriert, dass ich am liebsten alles hinschmeißen würde" wird also: "So frustriert sein, am liebsten alles hinschmeißen." Oder "Ich bin so traurig, dass ich meine Tränen nur mühsam zurückhalten kann" wird zu: "So traurig sein, Tränen nur mühsam zurückhalten können." Lies die Sätze nun noch einmal und achte dabei wiederum auf deine Empfindungen. Frage dich wiederum: Was fühle ich dabei?

Ausnahmslos alle, die diese simple Übung in meinem Workshop machen, erkennen spontan, dass sich ihre Gefühle nach der Streichung der persönlichen Fürwörter und der Umwandlung der Verben in Infinitive vollständig verändern. Warum? Nun, sie fühlen sich nicht mehr "persönlich" betroffen. Der Beweis dafür, dass destruktive Emotionen nur dann als "problematisch" empfunden werden, wenn sich ein Ich, Mich, Mein oder Mir vorfindet, das sie "auf sich persönlich" bezieht.

Natürlich kann so eine Übung nur beweisen, dass es sich ohne das Empfinden "persönlicher" Betroffenheit wesentlich angenehmer und harmonischer leben ließe. Solange wir jedoch bezüglich des freien Willens nicht desillusioniert sind, wird der Eindruck "persönlicher Betroffenheit" nicht ein für alle Mal ausgelöscht sein. Die Übung ist lediglich ein Appetizer, um mal kurzfristig eine Ahnung davon zu bekommen, wie man reagiert, wenn niemand mehr da ist, der die negativen Erfahrungen und Emotionen auf sich "persönlich" bezieht.

Wenn du dich immer wieder fragst: "Wie kam es zu der Entscheidung, die ich gerade traf? Was genau löste sie aus?", wirst du womöglich ziemlich schnell dahinterkommen, dass deiner Entscheidung immer ein Gedanke oder ein Umstand vorausging, den du nicht verursacht hast. Und damit wird dir klar, dass es Illusion ist zu glauben, du wärst der unumschränkte Herr im Haus.

Vielleicht ängstigt dich diese Erkenntnis zunächst, weil du dich wie ein Kapitän fühlst, dem das Steuer entglitten ist. Mir ging das jedenfalls so! Viele Jahre war mir allein der Gedanke, mein Leben könnte vorherbestimmt sein, äußerst unsympathisch. Wenn du aber erst einmal weißt, dass du ohnehin niemals am Steuer warst, dass all dein Steuern lediglich Einbildung war, wirst du wirklich entspannt sein, denn du entkrampfst dich und vertraust nun dem Autopiloten, der dein Leben von jeher bestimmte.

Nehmen wir einmal an, du würdest dir nach dem Lesen dieses Kapitels beweisen wollen, dass du und nur du über deine Aktivitäten entscheidest, indem du jetzt aufstehst und behauptest: “**Ich** habe mich zum Aufstehen entschieden, niemand hat mich dazu gezwungen”, müsstest du dir eingestehen, dass du diese Entscheidung nur deshalb getroffen hast, weil dich ohne deine Initiative der Gedanke ereilte, den Beweis dafür anzutreten, dass du über einen freien Willen verfügst. “Richtig”, magst du einsichtig feststellen, “aber schließlich entschied ich mich dafür, dieses Buch zu lesen.” Wirklich? Untersuche doch einmal, ob dich nicht wiederum nur ein Gedanke oder ein Umstand, über den du keinerlei Kontrolle hattest, zum Kauf beziehungsweise zum Lesen dieses Buches veranlasste. Und wenn du feststellst, dass deine Entscheidung wiederum nur eine Reaktion deines Gehirns war, könntest du dir diese Frage immer wieder einmal stellen. Ramesh Balsekar, der aus meiner Sicht kompetenteste und fähigste spirituelle Lehrer der neueren Gegenwart (1917-2009), empfiehlt diese simple Methode zur Selbstuntersuchung, um mühelos zu realisieren, dass niemand etwas tut, dass alles einfach geschieht und der für uns Menschen letztlich unerklärlichen Absicht des Kosmos entspricht. Das Ergebnis dieser Selbstuntersuchung ist ein Frieden, der alle Vernunft übersteigt.

Die Illusion:
Meine Existenz als Person ist real

"Der Vogel existiert und existiert nicht, zur gleichen Zeit."
ZEN-Meister Shunryu Suzuki

Die meisten Menschen erfahren ihre wahre Natur als eine Art unpersönliche Hintergrundwahrnehmung. In den Vordergrund tritt sie erst dann, wenn wir von den Illusionen befreit sind, die sie in den Hintergrund schieben. Ihre Präsenz wird also nicht irgendwann geboren oder erzeugt. Sie ist schon vorhanden. Sie ist, was du bist. Sie ist das, was du wirklich bist. Oder anders gesagt: Sie ist das, was du "als Person" nicht bist.

Als du noch ein Kind warst, war sie beherrschend. Denn was tut ein Kind am liebsten? Es spielt! Damit tut es das, was eigentlich immer und bei allen Aktivitäten geschieht, allerdings ohne dass wir das wissen. Deine Eltern nannten diesen Zustand "geistesabwesend". Du warst manchmal so versunken ins Spiel, dass es sich von ganz allein spielte. Deine Person war dir dabei überhaupt nicht bewusst. Nur das Spiel existierte. Und die Freude am

Spiel. Ich kann mich noch gut daran erinnern, dass ich dabei einige Personen abwechselnd spielte: Lokführer, Heizer, Schaffner und Fahrgäste. Im Nachhinein würdest du vielleicht sagen: Ich war der "Wirklichkeit" entrückt. Du hättest beim Spielen nicht sagen können: **Ich** spielte. Du hättest im Nachhinein vielleicht noch nicht einmal sagen können, was du gespielt hast.

Dann kam dein Vater ins Zimmer und sagte: "Träumst du schon wieder? Räum endlich dein Zimmer auf. Sieh nur, wie unordentlich es hier aussieht!" Natürlich sagte er das nicht sonderlich freundlich. Und weil er schließlich wissen musste, was Sache ist, und natürlich auch deshalb, weil du ihn nicht enttäuschen wolltest, hast du dein Spiel unterbrochen und kamst zurück in die reale Welt, in der man Dinge aufräumen, sein Zimmer in Ordnung halten, dem Vater und natürlich auch der Mutter gehorchen muss. Indem du die Sicht deiner Eltern annahmst, die in der "realen Welt" lebten, entferntest du dich immer weiter von deiner "traumhaften" Spielwelt. Natürlich geschah dies nicht von heute auf morgen. Aber irgendwann lebtest du in derselben Welt wie deine Eltern, Kindergärtner, Lehrer, Pfarrer und Chefs.

Ich sage nicht: "Kinder, hört nicht auf eure Eltern, bleibt in eurer Spielwelt!" Der Weg des Lebens führt uns zunächst aus unserer Spielwelt heraus. So läuft das Geschäft. Es gilt zu lernen, zu arbeiten, unsere Existenz abzusichern. Menschen, denen das nicht gelingt, werden zu

Losern erklärt. Und vom Standpunkt der "realen Welt" sind sie es natürlich auch. Du kannst dich dieser "Entwicklung" nicht entziehen.

Und doch: Irgendetwas zieht dich immer wieder in deine Spielwelt zurück. Für manche Menschen ist dieses Empfinden so überwältigend, dass sie tatsächlich zu Spielern werden. Zocken ist ihr Leben. Sie verspielen manchmal hohe Summen, bis sie schließlich zugeben müssen, dass sie spielsüchtig sind und auf der Couch eines Psychiaters landen. Auch die Sucht nach immer intensiveren Sexabenteuern hat hier ihren Ursprung. Sex ist eines der schönsten Spiele, weil er im Orgasmus zu der Entspannung führt, die dem Empfinden von Einheit, wie wir es als Kinder in unserer Spielwelt erlebten, sehr nahekommt. Ebenso ist es mit dem Wunsch nach Urlaub. Raus aus der Mühle, entspannen, träumen, sich gehen lassen, tun, was du gerade willst - dieser Wunsch entspringt nicht in erster Linie dem Bedürfnis nach körperlicher und geistiger Entspannung. Du hörst einfach niemals auf, dich nach deiner wahren Heimat - der Spielwelt deiner Kindheit - zu sehnen.

Eigentlich hat jeder Wunsch nach Veränderung hier seinen Ursprung. Du spürst ganz deutlich, dass dir etwas verloren ging, und suchst es wiederzufinden. Doch was immer du findest, kann dieses Verlangen nicht erfüllen.

Warum suche ich nichts mehr? Warum habe ich niemals mehr das Empfinden, irgendetwas müsste ganz anders sein, als es gerade jetzt ist? Warum entsteht nie mehr wie früher die geradezu zwanghafte Sehnsucht danach, etwas "anderes" zu erleben? Ganz einfach, weil ich in meine Spielwelt zurückgekehrt bin.

Wie das geschah? Ich durfte erfahren, dass die latente Hintergrundwahrnehmung jener unpersönlichen Präsenz, die wir alle kennen, in den Vordergrund trat. Nahezu vierzig Jahre lang suchte ich dieses mir scheinbar verloren gegangene Empfinden meiner Kindheit im Vordergrund zu finden. Diese Suche gehörte auch zu dem Spiel, obwohl ich es als todernst empfand. Ich suchte gleichermaßen in materiellen, ideellen und spirituellen Erfahrungen. Dabei war die unpersönliche Wahrnehmung die ganze Zeit da und wartete nur auf einen günstigen Augenblick, um die Einbildung der "realen Welt" zu entlarven. Dabei ließ sie sich eine Menge Zeit. Warum auch nicht? Schließlich war ich ja nur einer Einbildung aufgesessen. Was ich als real bezeichnete, war ja nur eine Reise, war ja nur ein Traum, der meine Spielwelt temporär in den Hintergrund rückte.

Als die Reise endete, rückte das, was ich als Hintergrundwahrnehmung bezeichne, in den Vordergrund. Und das, was ich vorher als real bezeichnete, wurde als eine Art Fata Morgana entlarvt. Dabei wurde ganz klar: Die Existenz meiner Person ist virtueller Natur, obwohl sie natürlich wie jede Fata Morgana ganz real wirkt. Alles ist wie vorher, und doch ist alles ganz anders, weil ich diese

Welt als meine Spielwelt durchschaue. So wie ich mich damals als Kind in meiner Spielwelt befand, **bevor** mein Vater hereinkam und mich aufforderte, Ordnung zu machen.

In Wahrheit ist alles in Ordnung. Es war schon immer in Ordnung, und Unordnung kann niemals eintreten, selbst wenn dein Leben und deine Umgebung völlig unaufgeräumt wirken. Du warst weder ein Kind, noch bist du jetzt erwachsen. Du hast nichts gelernt, hast dich nicht entwickelt. Du alterst nicht, ja, du wirst noch nicht einmal sterben. Das, was du "meine Person" nennst, findet nur in jener unpersönlichen Wahrnehmung statt.

Auf die Frage "Wer bin ich?" erhältst du nie eine Antwort. Denn "du" bist einfach nicht. Das bedeutet: Es gibt in Wahrheit kein Du und kein Ich. Die Existenz eines Du und Ich beruhen auf einer notwendigen Einbildung, um das, was wir Welt nennen, erfahren zu können. Alle Dinge geschehen einfach. Und das wird schlicht wahrgenommen. Von wem? Spielt die Antwort darauf denn überhaupt eine Rolle?

"Aber ich stehe doch verdammt noch mal jeden Morgen auf, gehe meiner Arbeit nach, bin manchmal mürrisch, lache dann wieder lauthals, ich esse, trinke, treibe Sport, jäte Unkraut im Garten, sitze vor dem Fernseher, freu mich auf den Urlaub im Süden, genieße das Leben und finde es hin und wieder zum Kotzen. Willst du etwa sagen, dass ich das alles nicht bin?" **Natürlich bist du das – und bist es gleichzeitig nicht.** Wenn die unpersönliche

Wahrnehmung in den Vordergrund rückt, kann es nur paradox zum Ausdruck gebracht werden: “Der Vogel existiert und existiert nicht, zur gleichen Zeit.”

Wir sind so sehr daran gewöhnt, uns als Person unter anderen Personen wahrzunehmen, dass es uns schwerfällt zu glauben, dass sie nur ein weiteres Objekt ist, ein Instrument, um die Welt der Objekte überhaupt erleben zu können. Das ist die Täuschung.

Wenn uns jemand sagt, dass unsere Person virtueller Natur ist, jagt uns das Angst ein. “Oh Gott, oh Gott, wenn meine Person Illusion ist, wer oder was bin ich denn dann? Ich muss doch schließlich irgendwer sein?” Ja? Wirklich? Warum? Was ist so angenehm an dieser Vorstellung? Ist es nicht vielmehr **befreiend** zu sehen, dass wir weitaus mehr sind als nur eine winzig kleine Person, die geboren wurde und irgendwann stirbt?

Kannst du dich denn nicht mehr daran erinnern, wie abgefahren es war, damals, als Kind, in deiner Spielwelt zu leben? Ohne Bewusstsein dafür, **wer du bist**? Einfach nur wahrnehmend, was sich so ereignet? War das nicht ein wundervoll spannendes Erleben der Welt? Hattest du damals etwa den Eindruck, dass dir etwas fehlt? War nicht die Puppenstube oder die Eisenbahnanlage alles, was zählte? War dieser selbstvergessene Zustand nicht wunderwunderschön?

Natürlich war er das. Erst als der Vater hereinkam, um dich mürrisch mit der “Realität” deines unaufgeräumten

Zimmers zu konfrontieren und dir klarzumachen, dass du für die Unordnung **verantwortlich** bist, wurden aus der unpersönlichen Wahrnehmung scheinbar real existierende Personen und Dinge. Der schimpfende Vater und du, das ungezogene Kind. Das überall herumliegende Spielzeug in deinem Spielreich, das dir plötzlich tatsächlich als unordentliches Zimmer erschien.

Man sagte dir, du wärst ein Träumer, und das entsprach vollkommen der Wahrheit. Doch was geschah, nachdem du in die "Realität" zurückkehrtest? Immer und immer wieder in die Realität zurückkehrtest. Zu Hause, im Kindergarten, in der Schule und schließlich im Beruf. Man gab dir das Gefühl, dass du tatsächlich und ausschließlich eine Person bist. Und das war notwendig, denn wer in dieser eingebildeten Welt keine starke Persönlichkeit hat, wird zum Loser, zum Verlierer.

Gleichzeitig aber ist dir das höchste Gut verloren gegangen, nämlich die Wahrnehmung deiner wahren Natur. Sie hatte bei diesem Prozess der "Persönlichkeitsentfaltung" überhaupt keine andere Wahl, als zur Hintergrundwahrnehmung zu werden, obwohl sie nach wie vor alles ist, was existiert. Ab und zu, bei einem Sonnenuntergang beispielsweise, durfte sie für einen Moment in den Vordergrund rücken. Das war der Grund, weshalb du dich so unglaublich glücklich fühltest. Nicht der Sonnenuntergang war es, er war nur das Medium, um dein Empfinden, eine Person zu sein, aufzulösen.

Jeder von uns hat ab und zu solche Gipfelerfahrungen. Und das natürlich nicht nur bei Sonnenuntergängen am Meer. Beim Sex beispielsweise sind sie gang und gäbe. Deswegen laufen ja viele Menschen dem Orgasmus nahezu zwanghaft hinterher. Nicht die wohlgeformten nackten Körper sind es, die uns in Wahrheit reizen. Auch nicht das, was man romantische Liebe nennt, so erfüllend und "selbstauflösend" sie auch zeitweise sein mag. Was uns magisch anzieht, ist die Auflösung unserer Person, die wir im Liebesspiel und insbesondere beim Orgasmus empfinden. Doch diese Art der Auflösung kommt und geht, aber sie kann unser Empfinden, ausschließlich eine Person unter anderen Personen zu sein und nicht mehr, nicht **dauerhaft** auflösen.

Auch die Meditation hat genau dieses Ziel: Auflösung des Empfindens, eine Person unter anderen Personen zu sein. Das Einheitsgefühl zu erleben. Das Motiv ist dasselbe wie beim Orgasmus und beim Sonnenuntergang.

Dauerhaft kann dieses illusionäre Empfinden nur aufgelöst werden, wenn ... ja, wenn was passiert? Ist das nicht jetzt deine Frage? Wie kann **ich** das erreichen? Doch diese Frage ist völlig absurd. Wie willst du als Person etwas erreichen, was dir als Person niemals zugänglich ist? Denn "deine Person" ist nur ein Objekt unter vielen anderen, die in der Welt der Objekte erscheint.

Schau dich bitte um! Würdest du sagen: Ich bin die Wand meines Zimmers? Oder: Ich bin die Landschaft, ich bin der Himmel, ich bin die Sonne, ich bin all das, was ich beim Blick durch das Wohnzimmerfenster wahrnehme? Natürlich nicht. Warum sagst du dann aber im Brustton der Überzeugung: **Ich bin** eine Person? Ist deine Körperform nicht ebenso eine Erscheinung wie alle anderen Formen? Natürlich ist sie das! Dass du dich mit ihr stärker identifizierst, hat nur einen Grund: Ohne sie würdest du deinen Körper sträflich vernachlässigen. Sind die Wände deines Wohnraums an manchen Stellen ein wenig beschädigt, ist das schließlich nicht lebensbedrohend. Ein beschädigter Körperteil aber schmerzt, und kümmerst du dich nicht um seine Heilung, ist das zweifellos lebensbedrohend. Daher: Gäbe es mit deinem Körper nicht eine stärkere Identifikation als mit den Wänden deines Zimmers, würdest du ebenso über "Beschädigungen" hinwegsehen können, wie dir das womöglich bei deinen Zimmerwänden gelingt. Das und nur das ist der Grund der "stärkeren" Identifikation mit deiner Person. Doch es ist kein Beweis dafür, dass du die Person bist, die wie die Wände deines Zimmers und überhaupt alle Formen nur in der unpersönlichen Wahrnehmung erscheinen.

Tausend Leben lang magst du meditieren, um das zu erkennen. Tausend Leben lang wird es nicht geschehen, weil die Aktivitäten deiner Person die unpersönliche Wahrnehmung immer nur in den Hintergrund schieben.

Manche sagen: "Es ist eine Gnade, das zu erkennen! Man kann es sich nicht erarbeiten." Andere geben dir eine Methode zur Selbsterforschung. Sie empfehlen: Stell dir immer wieder die Frage "Wer bin ich?" oder "Was ist Wahrheit?" oder "Bin ich wirklich der Handelnde?" Meine Empfehlung lautet: "Liebe dich in allem und jedem!" Ich füge jedoch hinzu: Wenn du meinst, diese oder andere Methoden könnten dich irgendwo **hinbringen** oder aus irgendeinem Zustand **rausbringen,** hegst du eine völlig unerfüllbare Erwartung. Diese Erwartung wird womöglich zu erhebenden Gipfelerfahrungen führen, doch das falsche Empfinden, deine Person könnte etwas anderes sein als ein Objekt unter vielen, wird sie nicht auszulöschen vermögen. Unpersönliche Wahrnehmung ist alles, was ist, und stets gegenwärtig. Sie war niemals abwesend. Sie ist lediglich in den Hintergrund gerückt. Nun lass einfach zu, dass sie in den Vordergrund rückt. Und noch nicht einmal das musst "du" tun.

Die Illusion: Wer nicht kämpft, der kann nicht gewinnen

Du kannst das Leben als Kampf betrachten. Und fürwahr, manchmal ist es ein Kampf. Du kannst es als Schule betrachten. Auch das stimmt, denn es gilt täglich neue Lektionen zu lernen. Du kannst es als Entwicklungsprozess sehen. Wer wollte das in Abrede stellen, denn während unseres gesamten Daseins entfalten wir uns. Du könntest es auch als kosmisches Spiel betrachten. Und wenn du eine Neigung zu dieser Annahme in dir verspürst, bist du ziemlich nahe dran, die Realität hinter den vordergründigen Erscheinungen der Welt zu erfassen.

Ein Spiel besteht immer aus Spielern, dem Spiel und Gegnern beziehungsweise Hindernissen, die es zu überwinden gilt. Beispielsweise beim Schach. Zwei Spieler sitzen sich gegenüber und machen sich darüber Gedanken, mit welchen Spielfiguren und Spielzügen sie ihren Gegner schachmatt setzen können. Oder beim Fußball: Insgesamt zweiundzwanzig Spieler, aufgeteilt in zwei

Mannschaften, versuchen einen Ball im jeweils gegnerischen Tor zu versenken.

In jedem Spiel gibt es natürlich auch Regeln. Wer sich über sie hinwegsetzt, muss Nachteile hinnehmen. Beim Fußball erhält die gegnerische Mannschaft die Chance eines Freistoßes oder Elfmeters. Und der sich regelwidrig verhaltende Spieler muss eine gelbe oder gar die rote Karte hinnehmen.

Dasselbe Prinzip gilt für unser Leben. Der Kosmos ist das Spielfeld, unser Körper die Spielfigur, und die jeweilige Situation bringt uns entweder weiter oder blockiert uns.

Das Spiel des Lebens ist unvergleichlich genialer als jedes Spiel, das wir kennen. Denn in ihm gibt es kein Ziel, keinen "höheren" Sinn, keine andere Bedeutung als die, es zu spielen. **Wie** du es spielst, ob du ein Kämpfer bist oder dich in Müßiggang übst, ob du Persönlichkeitsentwicklung anstrebst oder dich wie ein ruderloses Boot auf dem Meer treiben lässt, ist abhängig von deinen Genen, von Umwelteinflüssen und deiner Konditionierung. Allerdings wäre es denkbar, dass du irgendwann feststellst, dass es sich wesentlich effizienter spielen ließe, wenn du den Spielcharakter des Lebens durchschauen würdest. Dann hättest du die beste Voraussetzung, es zu gewinnen, selbst dann, wenn du ab und zu einen Spielzug verlierst.

Welche Strategien eignen sich dabei am besten? Weisheitslehrer aller Zeitalter, Länder und Kulturen der Erde haben uns seit jeher Strategien vermittelt, um das Spiel so zu spielen, dass es uns Gewinn bringt.

Strategie Nr. 1 kennst du nun bereits: Das Leben als eine Art virtuelles Spiel zu begreifen. Was folgt aus dieser Erkenntnis? Du wirst selbst dann, wenn du mal einen spannenden Wettkampf erlebst, objektlos liebender Beobachter bleiben. Das heißt: Was auch immer du entscheidest und tust, wird auf spielerische Weise geschehen, weil dir klar ist, ob ich einen Spielzug gewinne oder verliere, hat letztlich nur Bedeutung im Spiel. Ich als Person bin nur eine Spielfigur, und dieses Weltspiel spielt sich von selbst. Deine Ausrichtung ist also nicht mehr das Gewinnen oder das Verlieren. Natürlich wird Freude über einen gewonnenen Spielzug entstehen. Womöglich wird Ärger aufkommen, wenn er nicht gelingt. Aber letztlich bist du über beides - Gewinn und Verlust - weit erhaben.

Strategie Nr. 2 im Spiel ist: Es gibt für jedes Problem eine Lösung! Du kannst sie finden, weil sie ins Spiel einprogrammiert ist. Es gibt immer eine Tür, um eine problematische Situation zu verlassen oder eine Lösung zu finden. Und diese Tür heißt **Vertrauen.** Wenn du darauf vertrauen kannst, dass die Lösung einer problematischen Situation potenziell schon vorhanden ist, ist die Chance groß, dass sie in Kürze erscheint. Jesus formulierte das so: "Sehet die Vögel unter dem Himmel an: Sie säen nicht, sie ernten nicht, sie sammeln nicht in die Scheunen; und euer himmlischer Vater nährt sie doch. Seid ihr denn nicht viel mehr denn sie?"

Jeder Weisheitslehrer bediente sich anderer Worte und Metaphern, um von den Menschen der jeweiligen Epoche verstanden zu werden. Was sie uns alle mitteilen wollten, ist: Sorge, Zweifel und Angst sind einfach verschlossene Türen! Ebenso die Ablehnung durch andere Menschen. Diese Türen gehen nicht auf, so oft du auch versuchen magst, sie zu öffnen. Das Gleiche gilt für Ärger, Wut, Verzweiflung, Vorwürfe, Selbstanklagen. Das alles sind Türen, die verschlossen bleiben. Auf diese Weise kommst du keinen Schritt weiter. So ist das Spiel programmiert. Du kannst es nicht ändern. Du kannst nur Schritt für Schritt lernen, jene Strategien anzuwenden, die funktionieren.

Wer die falschen Strategien anwendet, wird scheitern, obwohl sich gerade im Scheitern die Chance bietet, das größte Geheimnis des Spiels zu erkennen.

Was ist das größte Geheimnis des Spiels? Dass wir in Wahrheit nicht existieren. Dass alles, was im Spiel geschieht, virtueller Natur ist. Weil es ein Bewusstseinsspiel ist. Weil nur Bewusstsein existiert. Sein Inhalt ist Illusion. Fantasie. Simulation.

Jeder Spieler ist also nur als Spielfigur im allumfassenden Bewusstsein real. Die Welt ist nur hypothetisch vorhanden. So als ob, sozusagen. Im Spiel scheint es jedoch so, als wären seine Spielfiguren real. Denn nur so kann dieses Spiel funktionieren. Im Alltag muss alles ganz wirklich aussehen. Alles muss sich ganz wirklich anfühlen, sich ganz wirklich anfassen lassen, wirklich schmecken und riechen. Das Spiel muss so wirken, als wäre es kein Spiel, sondern echt, real existierend.

In dem hoch komplizierten, genial programmierten Computerspiel RIVEN mit seiner wunderschönen Animation besteht das Ziel des Spiels letztlich nicht darin, auf irgendeiner der fünf virtuellen Inseln Katharina zu finden und sie aus ihrer Gefangenschaft zu befreien, sondern darin, am Ende wieder an dem Ort zu landen, wo das Spiel begann. Im Prinzip gilt dies auch für das Lebensspiel: Du gehst die verschiedensten Wege, du klopfst an die verschiedensten Türen, du bewegst dich in die verschiedensten Richtungen, erklimmst hohe Berge, durchschreitest tiefe Täler, bis dir schließlich bewusst wird, dass das, worin du dich ständig bewegst, virtueller Natur ist. Dass du also mit anderen Worten nichts tun musst und auch nichts tun kannst, um irgendwo anzukommen. Denn selbst wenn du all deine "virtuellen" Ziele erreichst, wirst du am Ende feststellen, dass du dich **selbst** keinen Millimeter bewegt hast. Nur im Spiel scheint es so, als müsstest du Ziele erreichen. In dem Bewusstsein, in dem es gespielt wird - **und nur das bist du wirklich** -, gibt es weder Veränderung noch Wandel. Zu jedem Zeitpunkt im Spiel ist dieser Erkenntnissprung möglich. Du musst kein Genie sein, um das zu erfassen.

Strategie Nr. 3: Ich fand heraus, dass sich das virtuelle Lebensspiel am optimalsten spielen lässt, wenn ich das, was jeweils passiert, nach folgenden Kriterien betrachte: Welche Türen öffnen sich? Welche bleiben verschlossen? Hätte ich das schon früher getan, wäre mir viel Leid erspart geblieben (obwohl diese Feststellung irrelevant ist, denn ohne meine "perfekten" Fehler wäre ich nicht zu dieser Erkenntnis gelangt). Als mir beispielsweise meine Firma vor vielen Jahren betriebsbedingt kündigte, schloss sich einfach eine Tür und eine andere öffnete sich, denn das Ende im Angestelltenverhältnis war der Beginn meiner erfolgreichen Selbstständigkeit. Aber auch Menschen, die kamen und gingen, waren immer offene oder verschlossene Türen für eine Erfahrung, die sich mir im Lebensspiel darbot. Wenn sich heute jemand von mir abwendet, vermag mich das nicht mehr sonderlich traurig zu machen, weil mir bewusst ist: Da geht mein virtueller Weg nicht mehr weiter! Hier verschließt sich offenbar eine Tür. Und das stellt sich im Nachhinein meistens als sinnvoll heraus. Würde ich versuchen, diese Tür wieder zu öffnen, wäre damit nichts gewonnen. Ich würde mir nur Beulen und Verletzungen zuziehen. Und wenn andere Menschen in mein Leben treten, betrachte ich diese wie offene Türen, die es zu durchschreiten gilt.

Noch einmal: Du bist Bewusstsein, in welchem sich ein spezifisches Spiel spielt, ein Spiel, das wir REALITÄT nennen, weil es den faszinierenden Eindruck erweckt, als sei es tatsächlich Realität. Es hat aber letztlich immer nur die Bedeutung, die du ihm gibst. Wenn du das Leben als ein Programm durchschaust, das ohne dein Zutun abläuft, du dir also dessen bewusst wirst, dass es illusionär ist zu glauben: "Wer nicht kämpft, der kann nicht gewinnen", so wird es im Hinblick darauf, was jeweils geschieht, bedeutungslos werden.

Die meisten Menschen sind reichlich schockiert und betrachten mich als Nihilisten, wenn ich ihnen sage, das Leben sei bedeutungslos und habe keinen "höheren" Sinn. Richtig verstanden, wird dich diese Erkenntnis jedoch nicht unglücklich machen. Im Gegenteil: Wenn die ständigen Deutungsversuche deines auf Bedeutung und Sinnhaftigkeit konditionierten Verstandes der Vergangenheit angehören, befindest du dich in der vollständigen Akzeptanz dessen, was jeweils im Augenblick ist, egal ob es sich um Erfolg oder Misserfolg handelt. Und damit hört dein Kampf auf, woraufhin sich dein Erlebniskosmos harmonisiert, ohne dass du eine Hand rührst.

Strategie Nr. 4 ist daher, jede Situation - und scheint sie noch so schwierig zu sein - zu akzeptieren, noch besser: zu lieben. Dann passiert nämlich etwas ganz Erstaunliches in deinem Lebensspiel: Alle Türen, die aufgehen sollen, öffnen sich wie von Zauberhand ganz von selbst. Gleichzeitig erkennst du intuitiv verschlossene Türen, sodass du erst gar nicht mehr den törichten Versuch machst, an ihnen zu rütteln, um sie zu öffnen. Und so wird dein virtueller Lebensweg simpel und gänzlich unkompliziert. Wer oder was sollte dich jetzt noch enttäuschen können? Was könnte jetzt noch geschehen, um Frustration auszulösen? Selbst in schwierigsten Situationen, ja selbst dann, wenn du "als Spielfigur" kämpfst, bleibst du der objektlos liebende Zeuge all dessen, was innerhalb oder außerhalb deiner Spielfigur im Spiel geschieht. Ach, wie sehr wünsche ich dir, du könntest den Frieden erfahren, der sich einstellt, wenn du bezüglich dessen, was du jetzt noch "Realität" nennen magst, gänzlich desillusioniert bist.

Die Illusion: Das pralle Leben ist anderswo

"Erleuchtet zu sein bedeutet, fähig zu sein, in jedem Moment alles, was im Leben geschieht, mit Gleichmut ... zu akzeptieren."
Ramesh Balsekar

Der Wunsch nach Veränderung negativer Aspekte in unserem Charakter, unseren Gewohnheiten, unseren Aktionen, Reaktionen und Lebensumständen ist Teil unseres genetischen Programms und daher völlig normal. Du müsstest ein Fels sein, um keinen Wunsch nach Veränderung und Weiterentwicklung in dir zu tragen. Das Problem dabei ist nur: Wie sehr du auch dich und deine Lebensumstände veränderst und natürlich auch zu ändern vermagst - **Veränderung** wird dich im tiefsten Inneren nicht zufriedenstellen können.

Menschen, denen das klar ist, sind oftmals bestrebt, im Hier und Jetzt zu leben. Kurzfristig mag das gelingen. Langfristig aber hat dieses Bestreben keine Chance auf Erfolg, denn das Wesen der Zeit, in der wir uns lebenslang befinden, ist Veränderung und Wandel.

Du liest ein Buch. Wenn es spannend ist, willst du es unbedingt zu Ende lesen. Langweilt es dich, werden deine Gedanken andauernd abgelenkt, bis du das Buch schließlich zur Seite legst, um einer anderen, interessanteren Beschäftigung nachzugehen. Vielleicht stellst du den Fernseher an und zappst dich durch die Programme. Erregt ein Film deine Aufmerksamkeit, siehst du ihn dir an, doch wiederum ist dein Verlangen gespannt auf den Ausgang des Films gerichtet. Und wenn er dich langweilt, bist du womöglich mit deinen Gedanken schon bei dem am Abend erwarteten Besuch von Freunden. Es ist mit allem das Gleiche: Nur in wenigen Momenten befindet sich unsere Aufmerksamkeit im Hier und Jetzt.

Daher sollte dir klar sein: Dein Leben lang wirst du nach Veränderung streben! DU hat gar keine andere Wahl! Würde dieser innere Drang sterben, könntest du dich gleich mitbegraben lassen. Aussteigen geht nicht! Selbst auf einer einsamen Insel oder in einem Zenkloster würde er überleben. Lediglich deine Ziele würden sich verändern. Der Drang nach Veränderung aber sicherlich nicht.

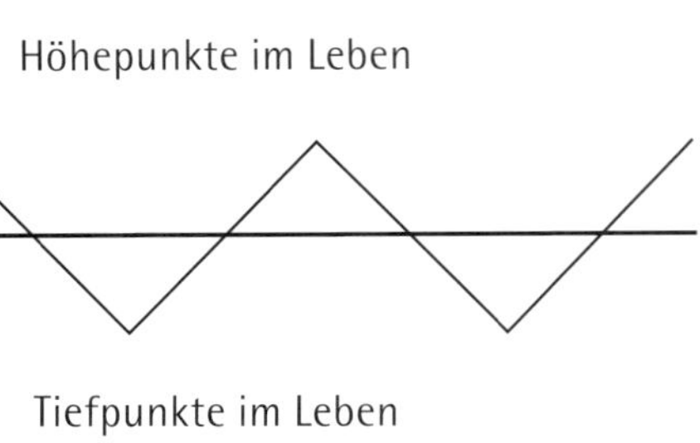

Unser genetisches Programm lässt uns keine andere Wahl, als "nach oben" kommen zu wollen. Egal welche Ziele wir anstreben - materielle, ideelle, soziale, spirituelle -, die Tendenz ist: Ich möchte "nach oben"! Selbst der Verzicht auf Karriere, Wohlstand oder Anerkennung ist lediglich ein anderer Weg, um dieses Ziel zu erreichen. Niemand, nicht einmal ein Penner, lebt mit dem Vorsatz, es möge immer weiter bergab mit ihm gehen. Wer an diesem genetisch bedingten Programm zu rütteln versucht, kämpft gegen Windmühlen. Doch wie wir alle wissen, besteht das Leben nicht nur aus Gipfelerfahrungen. Selbst für die erfolgreichsten Menschen geht es manchmal unweigerlich bergab. Höhepunkte und Tiefpunkte, bergauf und dann wieder bergab - so ist das Leben.

Selbst wenn es uns gelingt, in unserer Lebenserfahrung mehr Höhe- als Tiefpunkte zu erleben, können wir dem Auf und Ab kein endgültiges Ende bereiten. Entdecken wir jedoch unsere wahre Natur, erfahren wir uns **während** des Bergauf und -ab, **während** des Bestrebens nach besseren Gefühlen und Lebensumständen in der vollständigen Akzeptanz dessen, was jeweils ist. Was auch immer geschieht, es beeinträchtigt dann nicht mehr unseren inneren Frieden, den der kontinuierlich verlaufende Strich in der Mitte der Zeichnung symbolisiert. Denn unser natürlicher Zustand besteht darin, unabhängig von unseren wechselnden Lebenserfahrungen in steter Akzeptanz mit dem zu sein, was jeweils ist.

Leben im Hier und Jetzt kann daher nicht bedeuten, das natürliche Verlangen nach Veränderung wie einen Motor abzuwürgen. Es bedeutet vielmehr, dass sich unsere Aufmerksamkeit, bildhaft gesprochen, "in unsere Mitte" verlagert. Also dorthin, wo auf der Zeichnung der Strich, völlig unbeeindruckt vom Auf und Ab seiner "schrägen" Kollegen, gerade verläuft. Das ist jedoch kein Willensakt. Dein natürlicher Zustand kann nur "ent-deckt" werden, denn er ist bereits gegenwärtig. Und wird er entdeckt, wirst du ohne weiteres Zutun erleben, dass alles, was in deinem aktuellen Leben geschieht, selbst die Nicht-Akzeptanz, auch der Drang zur Veränderung emotionaler Zustände und bestimmter Lebensumstände, vollständig angenommen und akzeptiert, ja sogar geliebt werden kann.

Würde dir klar: In meiner Mitte gibt es weder Anstieg noch Abstieg, weder Höhepunkte noch Tiefpunkte, würdest du in allen wechselnden Lebenserfahrungen Akzeptanz und Frieden erfahren.

Nach einem Seminar gab eine Teilnehmerin folgendes Feedback: "Ich hoffe, dass ich den Zustand der Liebe und Akzeptanz, wie ich ihn gerade erfahre, auch dann halten kann, wenn ich wieder zu Hause bin und mich einsam fühle." Aber dieser Wunsch ist, so verständlich er ist, unerfüllbar. Ob du deine Situation akzeptieren kannst oder nicht, hängt davon ab, wo deine Aufmerksamkeit ist. Dein räumlich-zeitlicher Standort ist dabei ohne Belang. Und wenn das Gefühl der Einsamkeit da ist, beeinträchtigt es nicht deinen natürlichen Zustand, weil in ihm alles - auch der "Abstieg" in das zeitweise Empfinden der Einsamkeit - vollständig akzeptiert wird.

"Aber genau das kann ich einfach nicht!", sagte sie, nachdem ich ihr das Prinzip vor Augen geführt hatte. "**Du** wirst es nie können, und du musst es auch nicht können", erwiderte ich, "in der Wahrnehmung deines natürlichen Zustands wird sowohl die Einsamkeit als auch die Sehnsucht, nicht mehr einsam zu sein, akzeptiert. Und dann können sich sowohl dein emotionaler Zustand als auch deine Lebensumstände zum Besseren wenden."

Solltest du gerade an einem Tiefpunkt angelangt sein, gibt dir das Leben gerade die Chance, den **einzigen** Widerstand aufzulösen, der dich an der Akzeptanz und damit an der Wahrnehmung deines natürlichen Zustands hindert. Und das ist das Empfinden, dass du durch deine Strebsamkeit, deinen Eifer und Kampf dafür sorgen könntest, dein Leben in den Griff zu bekommen. Egal wofür oder wogegen du kämpfst, solange deine **Aufmerksamkeit** in die Auf- und Abbewegung des Lebens involviert ist, wirst du deine wahre Natur verpassen. Da wir aber aufgrund unseres genetischen Programms nicht zu kämpfen aufhören können, kreiert das Leben manchmal Umstände, die wir nicht aus eigener Kraft positiv zu verändern vermögen. Egal, was du auch probierst, alles geht plötzlich schief. Schließlich bist du am Ende mit deinem Latein. Du hast womöglich Dutzende von Lebenshilfebüchern gelesen, x Seminare besucht, vielleicht sogar x Therapien durchlaufen - nichts funktioniert. Dann schaust du auf andere Menschen, denen offenbar alles, was sie anpacken, gelingt, obwohl in ihren Bücherregalen kein einziger Ratgeber steht. Und so fragst du dich: Wieso meint es das Schicksal nur so schlecht mit mir?

Es mag sich zynisch anhören, aber es ist alles andere als das, und ich sage es aus eigener Erfahrung: Das Leben meint es mit Menschen, die in scheinbar unlösbare Schwierigkeiten geraten, besonders gut! Denn jegliches Scheitern und das dadurch entstehende Gefühl von Leere und Sinnlosigkeit ist eine **Riesenchance** zur Entdeckung deiner wahren Natur. Egal ob es sich dabei um gesundheitliche, materielle, soziale oder psychische Probleme handelt: Der Abgrund, der sich vor dir auftut, ist deine Erlösung! Nicht deshalb, weil du es aufgeben würdest, weitere Gipfel besteigen zu wollen, sondern weil deine Aufmerksamkeit sich endlich vom Auf und Ab deiner zeitlichen Erfahrung "in deine innere Mitte", in deinen natürlichen Zustand, deine wahre Natur verlagert. Sobald du sie entdeckst, bist du in Harmonie mit dir selbst und erkennst, dass dein innerer Frieden weder vom Erklimmen eines Gipfels noch von dem Vorsatz, ihn "nicht mehr erklimmen" zu wollen, abhängig ist.

Vielleicht bist du einfach noch nicht an dem Punkt, an dem dir das unzweifelhaft klar werden kann. Dann wirst du wohl noch ein wenig schwitzend und stöhnend weiter bergan klettern müssen und in den Tälern verzweifelt danach trachten, wieder “nach oben” zu kommen. Solltest du jedoch zu der Einsicht gelangen, dass keiner der Gipfel, die du erreicht hast, deine innere Sehnsucht zu stillen vermochte, ist sowohl deine anstrengende Bergtour als auch das Wandern durch dunkle Täler zu Ende. Die meisten (wenn nicht gar alle) Menschen sind leider erst dann, wenn sie scheitern, mürbe genug, um endlich anzuerkennen, dass das, was sie wirklich suchen, nicht in immer neuen Gipfelerfahrungen, sondern in der Wahrnehmung ihrer wahren Natur verborgen liegt.

Ach, wie gern würde ich dir dabei helfen, diesen Prozess abzukürzen! Am liebsten würde ich einen Hammer benutzen, um die Illusion zu zerschlagen, die dich an der friedvollen Wahrnehmung deiner wahren Natur behindert. Es ist mir jedoch bewusst, dass ich den Prozess nicht abkürzen kann. Und deswegen leg ich den Hammer ganz schnell wieder beiseite.

Das zu akzeptieren, was ist, gilt nicht allein äußeren Umständen, sondern auch emotionalen Zuständen und inneren Widerständen. Egal, was es ist, bist du in deiner Mitte verankert, wirst du frei sein von dem täuschenden Eindruck, Freiheit erlangen zu müssen.

Der innere Frieden ist gegenwärtig. Du brauchst dich also nicht um ihn zu bemühen. Im Gegenteil: Solange du dich um ihn bemühst, läufst du ihm hinterher und lässt ihm damit gar keine andere Wahl, als bei diesem ihm von dir aufgezwungenen Spiel mitzuspielen und vor dir zu fliehen!

Solange du dem Eindruck Raum gibst, deine gegenwärtige Situation sei irgendwie falsch, unbefriedigend, sinnlos, leer, mangelhaft und du müsstest deshalb irgendwo anders hinkommen, verweigert sich dir die Wahrnehmung deiner wahren Natur und du bleibst in der Illusion gefangen, dass das pralle Leben "anderswo" sein muss. Es kann aber nicht anderswo sein, weil es nur in deinen Gedanken ein Anderswo gibt. Daher wird dieser zwar verständliche, aber unerfüllbare Wunsch zum Bremsklotz für die "Wahrnehmung" deiner wahren Natur, in der sich Schritt für Schritt alle Disharmonien auflösen, ohne dass du auch nur das Geringste dafür tust.

Denk nicht, es sei unmöglich, das, was gerade jetzt ist, vollständig zu akzeptieren. Andersrum wird ein Schuh draus: Nicht-Akzeptanz ist unmöglich, sobald du dich nicht mehr gezwungen fühlst, an dem Konzept festzuhalten, du müsstest dich darum bemühen, dein Leben durch Kampf in den Griff zu bekommen.

Die Illusion:
Wer sich nicht bewegt, bewegt nichts!

Wenn du dich ein paarmal im Kreis drehst, wird dir schwindlig. Doch nicht allein das. Wenn du wieder stillstehst, hat es für ein paar Sekunden den Anschein, als würde sich die Welt um dich herum drehen. Wie wir alle wissen, handelt es sich dabei jedoch um eine durch den Schwindel verursachte Sinnestäuschung. Um das Drehen der Welt um dich herum zu beenden, musst du einfach nur eine Weile still stehen bleiben, dann erledigt sich dieses Phänomen ganz von selbst.

Ganz ähnlich klärst du dein Bewusstsein. Wenn du dem Glück, dem Erfolg oder der Erleuchtung hinterherrennst, drehst du dich nur im Kreis herum, was dir den Eindruck vermittelt, als wäre "deine Welt" in Bewegung. Natürlich stehst du immer wieder für kurze Zeit still, doch wenn sich dann deine Welt nicht mehr dreht, bist du sofort beunruhigt. Du hast Angst, dein "bewegtes Leben" könnte gänzlich zum Stillstand kommen, und um das zu vermeiden, beginnst du wiederum dem Glück hinterherzujagen, und der Tanz geht weiter und weiter und weiter, allerdings ohne dass du dich auch nur einen Millimeter von deinem Standort entfernst. Das Drehen um dich selbst führt lediglich zu dem "Schwindel", der dir suggeriert, die Welt würde sich um dich herum drehen.

Auch dein Eindruck, du könntest Glückseligkeit finden, indem du ihr nachjagst, ist nur ein "Schwindel", denn dieser Eindruck wird durch **deine eigene Bewegung** erzeugt. Du hast deinen Standort niemals verändert, nur dein andauerndes Drehen, dein Tanz um das goldene Kalb - Glück, Harmonie, Erfolg, die große Liebe, Erleuchtung - hat deine Welt in scheinbare Bewegung versetzt.

In Wirklichkeit bist du schon am Ziel, du kannst niemals anderswo sein. Solange du dich auf der Suche befindest, beweist das, dass du dich noch in der Drehbewegung befindest. Nur dadurch entzieht sich dir die Wahrnehmung deiner unbewegten Natur.

Zugegeben, es ist nicht einfach, sich dem wirbelnden Tanz der Welt zu entziehen. Wenn alle im Kreis herum tanzen und du nur dumm rumstehst, wirst du dir wie ein Außenseiter vorkommen. Sei's drum! Das ist der Preis, um etwas weitaus Besseres zu gewinnen.

Wenn du zum Stillstand kommst, wirst du klar sehen, welch einen verrückten Veitstanz du früher aufgeführt hast. Und das nur, um die Illusion zu genießen, dass sich die Welt bewegt, mit anderen Worten, "dass was los ist".

Tanze nur im Kreis herum, solange dir danach ist! Nichts spricht dagegen, diesen "Schwindel" immer neu zu erzeugen. Dein Standort wird sich ohnehin nie verändern, auch wenn es dir so erscheint. Doch solltest du des Schwindels müde geworden sein, dann ist für dich der Zeitpunkt gekommen, um das Phänomen zu durchschauen, das deine Welt bisher in Gang hielt.

Stehen bleiben – das bedeutet im übertragenen Sinne: Lass die anderen weiter dem Glück nachjagen! Lass die anderen ruhig weiter der Erleuchtung nachjagen! Du "beschwindelst" dich jetzt einfach nicht mehr. Du liebst vielmehr das, was gerade ist, egal was es ist. Und jetzt – schau ganz genau hin! Schau dahin, wo du gerade JETZT stehst. Merkst du's? Spürst du's? Zumindest im Ansatz: Du hast dich niemals verlassen. Was immer sich äußerlich bisher abgespielt hat, drehte sich um dich herum. Ist nur ein Phänomen simulierter Bewegung. Du bist immer derselbe geblieben. "Ich bin" – dieses existenzielle Empfinden hat sich nie verändert, egal wie alt du mit ihm wurdest, egal wie sich dein Körper, dein Geist, dein Wohnort, die Menschen um dich herum verändert haben.

Wenn du das in einem Augenblick vollständiger Klarheit bemerkt hast, kannst du, wenn du willst, wieder damit beginnen, dich mit den anderen im Kreis zu drehen. Doch nun wird es das für dich sein, was es in Wahrheit immer schon war – einfach ein Drehen im Kreis –, und du weißt ganz genau, es ist nur das Drehen, das den ganzen Schwindel erzeugt. Ohne jede Bedeutung. Nur ein Tanz. Der ewige Tanz, und in dessen Zentrum ist ewige Stille.

Die Illusion:
Was ich wahrnehme, ist wahr

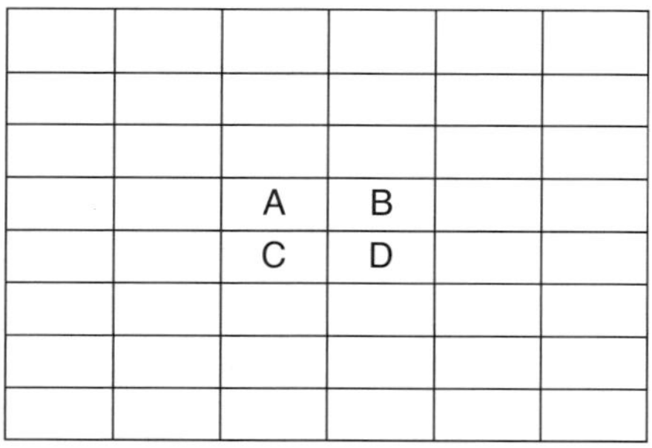

Kästchen A, B und C unterhalten sich stundenlang über den Sinn ihrer rechteckigen Existenz.

A ist ein Atheist und glaubt daher, ihre Existenz als Rechtecke in einer rechteckigen Welt sei durch Zufall zustande gekommen und habe daher nur den Sinn, den man ihr selber gebe.

B ist ein gläubiges Rechteck und glaubt, Gott habe sie an sich als Quadrate erschaffen, doch aufgrund ihrer Auflehnung gegen ihre göttliche Form seien sie zu Rechtecken "entartet". Ihre Aufgabe bestehe nun zeitlebens darin, wieder zu einem "vollkommenen" Quadrat zu werden.

C ist ein Agnostiker, glaubt also, man könne über das Zustandekommen ihrer rechteckigen Existenz nur Vermutungen anstellen.

Jeder glaubt, gute Gründe für seinen Standpunkt zu haben. Der Atheist A argumentiert folgendermaßen: "Ich glaube nur, was ich sehe. Und was sehe ich? Lauter Rechtecke, die an verschiedenen Standorten in einer rechteckigen Welt stehen. Ich habe vier Kanten und Ecken, und innerhalb dieser Grenzen bewege ich mich. Wenn ich sterbe, füllt sich das Loch, das ich hinterlasse, mit einem anderen Rechteck, und ich bin nicht mehr."

Der Christ B wendet ein: "Meinst du denn ernsthaft, unsere Existenz könne auf Zufall beruhen? Sieh nur die Präzision und die Ordnung unserer rechteckigen Welt. Nein, das halte ich für ausgeschlossen. Es muss einen Schöpfer geben, der sie hervorgebracht hat. Und wir sind nach seinem Ebenbild - dem Quadrat - erschaffen. Nur sind wir eben zu Rechtecken entartet. Wer sich aber auf seine ursprüngliche Form besinnt, der hat den Sinn seiner Existenz erfasst und wird nach seinem Verschwinden aus dieser entarteten rechteckigen Welt in den Quadrathimmel kommen."

C, der Agnostiker, schaltet sich ein: "Also das ist doch nur eine Vermutung, wissen kannst du es nicht. Natürlich kann auch ich nichts beweisen, aber Beweise hat keiner von euch beiden für seine jeweilige Theorie."

A erwidert: "Natürlich nicht. Doch das juckt mich nicht im Geringsten. Ich akzeptiere meine rechteckige

Existenz, wie sie ist, und mache das Beste daraus. Und wenn ich nach meinem Verschwinden feststellen sollte, dass B recht hat, dann soll es mir recht sein."

"Nur ist es dann zu spät", wendet B ein, denn wer nicht während seiner Existenz als Rechteck danach trachtet, in seinen ursprünglichen Zustand, das Quadrat, zurückzukehren, der hat nach seinem Verschwinden keine Chance mehr dazu. Er wird in die Rechteckhölle geworfen und brennt dort für immer und ewig."

Kästchen D beteiligt sich, obwohl es direkt neben ihnen steht, nicht an der Diskussion, wie es sich zumeist überhaupt nicht an Gesprächen beteiligt. Es unterscheidet sich zwar nicht der Form nach und scheint doch, sein Verhalten betreffend, ein höchst eigenwilliges Kästchen zu sein. Weil A und B jedoch einfach nicht weiterkommen, fragen sie schließlich Kästchen D: "Sag mal, was meinst du, ist der Sinn unserer Existenz? Woher kommen wir, warum sind wir da und wo gehen wir hin?"

"Wir kommen nirgendwo her, sind aus keinem Grund da und gehen nirgendwo hin", sagt D gleichmütig.

"Aber das kann doch nicht sein!", entrüstet sich B, "es muss doch irgendeine Ursache haben, dass wir RECHTECKIG sind! Und es muss doch auch eine Ursache haben, dass wir ALLE dieselbe Form haben und, jedes für sich, ein EIGENES Rechteck bilden."

"Eigentlich sind wir gar nicht vorhanden", sagt D da unvermittelt und in einem Tonfall, als wäre die Feststellung das Normalste von der Welt, “es scheint nur so, als wären wir Rechtecke, die voneinander getrennt und distanziert an einem jeweils anderen Ort stehen.”

“Was sagt du da?”, die anderen Rechtecke lachen lauthals, halten sich dabei ihre rechteckigen Bäuche, und A sagt: “So einen Unsinn habe ich bisher noch nie von einem Kästchen gehört! Du bist doch nicht etwa ein blindes Kästchen?”

“Nein, nein”, erwidert daraufhin D augenzwinkernd, “ich sehe schon, dass wir Kästchen sind, aber ich sage auch: Der Eindruck täuscht.”

B schüttelt unwillig den Kopf, doch C, der Agnostiker, ist jetzt neugierig geworden. “Erzähl weiter”, drängt er D, “was meinst du mit, der Eindruck täuscht?”

“Eigentlich sind wir alle nur grenzenlose weiße Fläche”, sagt D da, “auf uns liegt lediglich ein GITTERNETZ, das uns den Eindruck der Getrenntheit vermittelt.”

“Was für ein Gitternetz? Wovon redest du überhaupt?”, empört sich A, “ich bin EINDEUTIG ein rechteckiges Kästchen und du auch. Und wenn wir auch beide Rechtecke sind, unterscheiden wir uns doch voneinander. Denn ich bin eindeutig hier, und du bist eindeutig dort. Wie kommst du nur auf die absurde Idee, wir alle wären eine einzige weiße Fläche?”

“WIR ALLE, diese beiden Begriffe existieren nur, weil wir nicht erkennen, dass uns nur das Gitternetz den Eindruck vermittelt, wir wären Rechtecke und an verschiedenen Orten platziert. Und nun haben wir uns so sehr daran gewöhnt, uns als vereinzelte, rechteckige, in verschiedener Distanz zueinander stehende Kästchen zu betrachten, dass wir die eigentliche Ursache unserer 'Getrenntheit' vollkommen aus den Augen verloren haben."

"Und was ist die Ursache?", fragt daraufhin C wissbegierig.

"Das Gitternetz natürlich. Nimm das Gitternetz weg und alle Kästchen sind weg", antwortet D verständnisvoll lächelnd. "Was bleibt, immer bleibt, ist grenzenlose weiße Fläche. Und nur DAS sind wir wirklich! Eine einzige grenzenlose weiße Fläche."

A und B schütteln ungläubig ihre rechteckigen Köpfe und wenden sich einem Nachbarn zu, der diese Sicht ebenso absurd findet, doch C findet sie plötzlich höchst attraktiv. Ihm ist, als hätte er tief in sich selbst schon immer gewusst, was D zum Ausdruck bringt. Daher fragt er nun: "Sag mir doch bitte, wie kann ich deine Sicht erlangen? Was muss ich tun, um mein begrenztes Kästchensein zu überwinden und wieder weiße Fläche zu werden?"

"Was könntest du tun, um weiße Fläche zu werden, wenn du doch nichts anderes als weiße Fläche bist und noch nie etwas anderes warst? Nur das Gitternetz vermittelt dir den Eindruck, ein Kästchen unter anderen Kästchen zu sein."

"Aber wie kann ich das Gitternetz denn entfernen?"

"Gar nicht, und du musst es gar nicht entfernen. Sieh einfach nur, dass es dein - der weißen Fläche - Kästchenspiel ist. Fixiert auf deine Begrenzung als Kästchen erscheint es dir nur so, als existierten lauter rechteckige Kästchen, die sich dann fragen, woher sie kommen, wozu sie da sind und wohin sie gehen, bis sie realisieren, dass sie einfach weiße Fläche sind, die unter dem Eindruck des Gitternetzes so erscheint, als wäre sie jeweils ein ganz besonderes Kästchen unter vielen anderen Kästchen." Und bei dem letzten Satz beginnt D so albern und so lange zu lachen, dass sein Kästchen fast überschwemmt wird von all den Lachtränen, die aus seinen rechteckigen Augen quellen.

"Du sagt das so einfach", schmollt C, "und deine Theorie klingt vernünftig, ja sogar bestechend logisch, muss ich leider zugeben. Aber ich sehe mich trotzdem als Kästchen. Ich begreife zwar jetzt irgendwie, dass ich als Kästchen lediglich Illusion bin, aber ich SEHE es nicht. Kannst du mir nicht helfen, damit ich es klar und deutlich sehe?"

"Wie sollte weiße Fläche sehen können, dass sie weiße Fläche ist? Da ist ja nur grenzenlos weiße Fläche. Weiße Fläche kann nur sehen, was sie begrenzt oder was sie umrandet, also die Kästchen. Und daher siehst du sie auch und nichts anderes. Dich selbst als weiße Fläche zu sehen, ist ein Ding der Unmöglichkeit, weil da nur endlos weiße Fläche ist und sonst nichts."

“Wie soll ich dann jemals dahinkommen, das, was mich begrenzt, als Illusion zu durchschauen?”

Wieder lacht D. “Merkst du nicht selbst, was für einen Unsinn du redest? Wo sollte weiße Fläche **hin**kommen, wo sie nicht einmal irgendwo **her**kommt. Alles was ist, ist weiße Fläche, die in lauter Kästchen unterteilt zu sein scheint. DAS ist alles. Und mehr gibt’s nicht zu sehen.”

“Aber wie bist du denn zu der Sichtweise gelangt? Du musst doch irgendwann begriffen haben, dass du weiße Fläche bist und dass die Kästchen nur Illusion aufgrund des Gitternetzes sind? Oder hast du es schon immer gesehen?”

“Nee, ich war auch einmal der Überzeugung, dass ich ein Rechteck unter vielen anderen Rechtecken bin. Und wie du habe ich den Sinn meines rechteckigen Daseins gesucht. Sogar verzweifelt gesucht. Ich blickte also von der einen zur anderen Seite und wieder zurück, sah hin und her zwischen meinen vier Kanten, suchte in allen vier Dimensionen, die wir Länge, Breite, Höhe und Zeit zu nennen gewohnt sind, aber da waren eben immer nur die Grenzen des Rechtecks zu finden, welches ich glaubte zu sein. Das ging so lange, bis ich ganz verzweifelt und deprimiert war und meine Suche aufgab ...”

Aufgeregt unterbricht ihn A: “Und was geschah dann?”

“Als ich endlich aufhörte, **innerhalb** der Grenzen nach dem Sinn meiner rechteckigen Existenz zu suchen, und auch aufhörte, über die Grenzen meines Kästchenseins

hinausgelangen zu wollen, sah ich endlich auf das, was wir den 'Zwischenraum' nennen – die weiße Fläche nämlich."

"Aber die Rechtecke waren doch trotzdem noch da, oder etwa nicht?", bemerkt A grimmig.

D nickt lächelnd. "Freilich waren die Grenzen der Rechtecke noch da. Aber ich begriff nun, dass sie lediglich eine einzige unbegrenzt weite und weiße Fläche in Kästchen unterteilen. Und nur, weil die Grenzen die eine und einzige weiße Fläche in Rechtecke aufteilen, glauben wir, Rechtecke zu **sein**. In Wahrheit jedoch vermitteln sie nur den Anschein der Teilung, weil das, was sie teilen, nie etwas anderes ist und sein kann als eine einzige weiße Fläche."

"Das leuchtet mir ein. Aber warum in Gottes Namen ist denn die eine und einzige weiße Fläche überhaupt durch Rechtecke getrennt? Was ist der Sinn der 'scheinbaren' Unterteilung?"

"Weil es für die weiße Fläche die einzige Möglichkeit darstellt, um sich selbst zu erkennen. Weiße Fläche ist einfach nur weiße Fläche. In ihr gibt es kein Erkennen, kein Sehen, keine Erfahrung, kein Erleben, kein Du, kein Ich, keinen Schöpfer und keine Schöpfung – nur unbegrenzt weite, friedvoll-weiße Fläche. Durch das Gitternetz erscheint sich die eine und einzige weiße Fläche selbst als Rechteck unter vielen anderen Rechtecken. Grenzen bestehen also scheinbar. Und nun kann sie sich selbst durchmessen. Und wenn sie sich schließlich in alle Richtungen des Rechtecks durchmessen hat, ohne sich dabei zu finden, wird sie auf sich selbst zurückgeworfen und sich dabei als unteilbare weiße Fläche entdecken. Ohne die Erfahrung der Getrenntheit wäre das jedoch völlig unmöglich. Denn wie ich vorhin schon ausgeführt habe, kann eine einzige weiße Fläche sich selbst nicht erkennen - es sei denn, sie erscheint sich getrennt."

"Wann hat denn dieses verrückte Kästchenspiel begonnen?"

"Das Kästchenspiel hat niemals begonnen, denn da ist nur weiße Fläche, ohne Anfang und Ende, ohne Zeit und Raum. Das Gitternetz, das die Illusion von Rechtecken schafft, ist sozusagen das ewige Spiel der weißen Fläche, durch die sie sich ewig selbst definiert, indem sie sich zunächst begrenzt erscheint und schließlich in der Begrenzung, die völlig ausweglos ist, wiederfindet. Und wenn das geschieht, geschieht im Grunde gar nichts. Alles bleibt, wie es ist, nur der Eindruck, ein Kästchen unter anderen Kästchen zu sein, wird als Illusion entlarvt. Deswegen sagte ich anfangs zu dir, wir kommen nirgendwo her, sind aus keinem Grund da und gehen nirgendwo hin. Die Kästchen sind nur dazu da, damit sich weiße Fläche als weiße Fläche erkennt. Und solange wir uns als Kästchen wahrnehmen, spielen wir das Gitternetzspiel."

"Hast du denn aufgehört mitzuspielen?"

"Wie könnte ich? Solange ich mich aufgrund des Gitternetzspiels scheinbar als Rechteck unter anderen Rechtecken wahrnehme, kann ich nichts anderes tun als mit ihnen mitzuspielen. Doch wie auch immer sich das Spiel spielt: Ich bin weiße Fläche. Ohne Zeit. Ohne Raum. Ohne Begrenzung. Und darin fand ich tiefen Frieden."

"Ich kann mir das einfach nicht vorstellen. Wie sollte die Gewissheit, weiße Fläche zu sein, zu tiefem Frieden führen? Weiße Fläche, das erscheint mir so kalt, so neutral."

"Das kann ich verstehen. Aber wenn du erst einmal auf dein wahres Wesen zurückgeworfen bist, wirst du die wahre Natur der weißen Fläche erkennen."

"Und was ist die wahre Natur der weißen Fläche?"

"Liebe, mein Freund. Nichts anderes als grenzenlose Liebe."

Die Illusion: Was draufsteht, ist auch drin

"Genau genommen gibt es keine
getrennten individuellen Existenzen.
Es gibt nur viele Namen für eine Existenz."
Shunryu Suzuki

Keiner meiner Workshops verläuft auf dieselbe Art und Weise. Der Beginn jedoch ist zumeist derselbe: Jeder Teilnehmer schreibt seinen Vornamen auf eine Karte, kommt nach vorn und stellt sich den anderen folgendermaßen vor: Ich HEISSE Elke (oder wie die Person auch immer heißt) und ich BIN Liebe.

Diese Kurzvorstellung ist essenziell betrachtet der Inhalt des gesamten Workshops. Denn er weist auf die beiden Sichtweisen hin, mit denen wir leben können. Die erste ist die, welche jeder kennt: die Welt der Namen und der Begriffe. Die zweite Sichtweise ist die, welche wir meistens vergessen haben: die Essenz, die Wirklichkeit unseres Daseins hinter allen Begriffen.

Sehen wir uns zunächst die Welt der Begrifflichkeit an. Charakteristisch für sie ist Unterscheidung und Katalogisierung.

Jeder von uns hat ein anderes Gesicht. Es gibt nicht zwei Gesichter, die einander aufs Haar ähneln. Selbst die Gesichter eineiiger Zwillinge weisen bei genauem Hinsehen leichte Unterschiede auf.

Menschen sind verschiedenen Geschlechts, haben verschiedene Hautfarben, Haarfarben und Körperformen, verschiedene Nationalitäten, verschiedene Neigungen und Interessen. Wir können die Herkunft und den Bildungsgrad unterscheiden. Und sehen wir uns die Lebensgeschichte der Menschen an, werden wir mit Sicherheit immer Unterschiede feststellen, selbst wenn sie die gleiche Herkunft haben, weil sie Geschwister sind.

Werfen wir einen kurzen Blick in die Natur: Es gibt nicht zwei Bäume, die in ihrer Gestalt dem anderen gleichen, selbst dann nicht, wenn es sich um dieselbe Baumart handelt. Selbst wenn es Stämme von gleichem Umfang und gleicher Höhe gibt, zusammen mit der Anordnung der Äste und Zweige werden wir immer Unterschiede wahrnehmen. Und wenn es tatsächlich zwei Bäume geben sollte, die einander vollkommen gleichen (was natürlich ein Ding der Unmöglichkeit ist), stehen sie mit Sicherheit an verschiedenen Standorten.

Nicht einmal Menschen, die sich, anders als Bäume, bewegen können, befinden sich zur selben Zeit am selben

Standort. Selbst wenn einer dem anderen auf der Schulter sitzt, unterscheidet sich ihr Standort die Höhe betreffend. Selbst siamesische Zwillinge können nicht genau denselben Standort einnehmen.

Schauen wir uns den Globus an. Wieder entdecken wir unzählige Unterschiede. Die räumlichen Distanzen zwischen den verschiedenen Ländern, die Unterschiede der verschiedenen Sprachen und Dialekte der dort lebenden Völker, die sich meistens sogar von Dorf zu Dorf in der Sprachfärbung leicht unterscheiden.

Wir unterscheiden zwischen Menschen, Tieren, Pflanzen und Mineralien. Und innerhalb der jeweiligen Reiche können wir wiederum unzählige Unterschiede wahrnehmen, deren schriftliche Aufzeichnung eine Bibliothek unvorstellbaren Ausmaßes füllen würde.

Wir unterscheiden die vier Elemente Erde, Wasser, Feuer und Luft, unterscheiden zwischen Makrokosmos und Mikrokosmos, unterscheiden zwischen Atomen, Molekülen und Quarks. Jeder bekannte Planet, jeder Stern hat eine andere Bezeichnung.

Auf dem Feld der sogenannten Ästhetik unterscheiden wir zwischen schön und hässlich, auf dem Feld der Moral zwischen Gut und Böse, gerecht und ungerecht usw.

Im emotionalen Bereich treffen wir Unterschiede zwischen den verschiedensten Gefühlen: Glückseligkeit, Euphorie, Begeisterung, Angst, Traurigkeit, Melancholie, Zorn, Neid, Eifersucht usw.

Du merkst schon: Wenn ich wollte, könnte ich die Liste der Unterschiede beliebig erweitern. Ein hundertjähriges Leben würde nicht ausreichen, um all die Unterschiede aufzuzeichnen, die wir wahrzunehmen imstande sind, denn sie finden kein Ende.

Sicherlich nehmen auch Tiere Unterschiede wahr. Wir merken es an ihrer Reaktion. Ein Hund wird einem Menschen gegenüber, den man als tierlieb bezeichnet, anders reagieren als bei einem, der ihm einen Tritt verpassen würde, wenn er in seine Nähe käme. Sie sind jedoch nicht in der Lage, den jeweiligen Unterschied zu "bezeichnen". Ich bin zwar nicht der Meinung, dass Tiere nicht denken, aber das, was sie denken, können sie nicht bezeichnen, weil ihnen dazu das Instrument fehlt, das wir bei uns Menschen als Intellekt bezeichnen. Und natürlich haben sie auch nicht die Fähigkeit der Sprache, um das, was sie an Unterschieden wahrnehmen, in einen Begriff umzuwandeln, der für sie steht.

Unser Verstand ist also nicht nur ein Instrument, um Unterschiede wahrzunehmen - das können auch Tiere -, ihm kommt vor allem die Aufgabe zu, den wahrgenommenen unterschiedlichen Formen und Erscheinungen einen Begriff zuzuordnen. Und das Ergebnis ist dann, was wir Sprache nennen. Sie gibt uns die Möglichkeit, sowohl intern (mit uns selbst) als auch extern (mit anderen Menschen) zu kommunizieren.

Der Vorteil dieser Fähigkeit liegt auf der Hand. Sehen wir uns die Entwicklung der Menschheit an, so sehen wir, dass sie ohne die Möglichkeit zur internen und externen Kommunikation unmöglich gewesen wäre. Ohne sie wären weder Ackerbau und Viehzucht noch Bildung, Kultur, Wissenschaft und technischer Fortschritt entstanden. Wir würden vielmehr wie unsere Vorfahren immer noch nackt herumlaufen, in Höhlen hausen und bei drohender Gefahr andere Lebewesen erschlagen. Nur die Tatsache, dass der Mensch fähig ist, das, was er wahrnimmt, in Begriffe zu kleiden und es seinen Zeitgenossen über die Sprache mitzuteilen, ermöglichte Fortschritt und Zivilisation.

Gleichzeitig aber ist diese grandiose Fähigkeit unseres Verstandes, zu differenzieren und zu katalogisieren, was er an Unterschieden wahrnehmen kann, die Wurzel all unserer Probleme.

Die Wahrnehmung von Unterschieden, gleich welcher Art, führt nämlich zu dem Eindruck, als wären sie die Realität. Und ist das erst einmal der Fall, sitzen wir einem riesengroßen Etikettenschwindel auf.

Wie war es möglich, dass unter der Herrschaft Adolf Hitlers sechs Millionen Juden in den sogenannten Konzentrationslagern wie Vieh behandelt, unsäglich gequält, erschossen und vergast wurden? Wenn wir heute Dokumentarfilme aus dieser schrecklichen Zeit sehen, überkommt uns das kalte Grauen. Es ist unvorstellbar für uns, dass zivilisierte Menschen unserer eigenen Nation zu solch unfassbaren Grausamkeiten fähig waren. Die Ursache dafür ist, dass die von Hitler wahrgenommene Unterschiedlichkeit zwischen Juden und der sogenannten arischen Rasse für ihn zu einer Wahnidee wurde, die er mit der Sprache der Demagogie einem Großteil unseres Volkes einzutrichtern vermochte. Für Hitler waren Juden keine Menschen. Für ihn waren sie DAS Übel der Menschheit schlechthin. Schlimmer als Tiere. Nur aufgrund seiner Sichtweise konnte er sie skrupellos abschlachten lassen wie Vieh.

Dieses Beispiel aus unserer jüngsten Geschichte, gerade mal achtzig Jahre her, beweist wie wenige andere, dass die Fähigkeit unseres Verstandes, Unterschiede wahrzunehmen, zur Ursache katastrophaler Entwicklungen werden kann.

Was ist die tiefere Ursache des gegenwärtigen Konflikts zwischen den sogenannten islamistischen Terroristen und der westlichen Kultur? Wiederum ist es die Fähigkeit unseres Verstandes, Unterschiedlichkeit wahrzunehmen. Wer den Koran ernst nimmt, wer also tatsächlich glaubt, dass der Islam die einzig wahre Religion ist und das Errichten des Gottesstaates auf Erden das erklärte Ziel ihres Propheten, der kann gar nicht anders, als in den christlich ausgerichteten Staaten Feinde Gottes zu sehen, die es mit allen Mitteln zu vernichten gilt.

Man muss sich das einmal vorstellen: Es kann schließlich nur **eine Quelle** geben, der alles Leben entspringt. Unser Verstand hat es jedoch geschafft, ihr so viele Namen zu geben, dass die natürliche Einheit zerstört und in Tausende von Sekten in den verschiedensten religiösen Lagern aufgesplittert wurde. Die Differenzierung wäre jedoch gar nicht mal schlimm. Im Gegenteil: Sie hätte wie ein bunter Blumenstrauß viele verschiedene Blüten, wenn wir uns dessen bewusst werden würden, dass sie einer einzigen Quelle entspringen. Da die religiösen Gruppierungen jedoch in der Welt der Begriffe leben und auf die Etiketten fixiert sind, schlagen sie sich gegenseitig die Köpfe ein oder liegen zumindest im Streit miteinander und grenzen sich voneinander ab.

Wir brauchen jedoch gar keine derart extremen Beispiele heranziehen, um die Wurzel von Streit, Feindschaft und Hass auf die Fähigkeit unseres Verstandes, Unterschiede wahrzunehmen, zurückzuführen. Es beginnt in der eigenen Familie. Dein Partner liebt Fußball und sitzt daher jeden Sonntagnachmittag stundenlang vor der Glotze. Du würdest viel lieber Bekannte besuchen oder spazieren gehen. Und wenn du nun auf eure Unterschiedlichkeit fixiert bist, kommt es zum Konflikt. Interesse an Sport ist ja nun wahrhaft nichts Schlimmes, aber es passt nicht in deine "unterschiedliche" Vorstellung, die du von einem vergnüglichen Sonntag hast. Und wenn du auf ihr bestehst, ist Feuer unter dem Dach.

Wir könnten unzählige Beispiele aufzählen, um zu erkennen, dass letztlich nur dieses Prinzip für alle zwischenmenschlichen Konflikte verantwortlich ist. Selbst die Wahrnehmung einer Nase, die dir nicht passt, kann zur Antipathie gegenüber einem Menschen führen, der ansonsten ein angenehmer Zeitgenosse sein mag.

Nun magst du fragen: Was nützt mir das Wissen um dieses Prinzip? Soll ich etwa die Wahrnehmung der Unterschiede aufgeben? Auf gar keinen Fall! Wenn wir alle Unterschiede, die wir wahrnehmen, aufgeben würden, wäre es nicht nur unmöglich, miteinander zu leben, es wäre sogar unmöglich zu überleben. Stell dir nur einmal vor, wir würden nicht zwischen Mein und Dein unterscheiden. Dann könnte jedermann skrupellos eine Bank überfallen oder sich den Geldbeutel eines anderen unter den Nagel reißen. Ohne Unterschiede wahrzunehmen, würdest du über eine verkehrsreiche Straße laufen, ohne vorher nach links oder rechts zu blicken. Womöglich würdest du vom sechsten Stock auf die Straße springen, weil es ja keinen Unterschied macht, ob du springst oder den Aufzug benutzt.

Nein, es ist die Aufgabe des Verstandes, Unterschiede wahrzunehmen. Wir brauchen und sollten ihn nicht daran hindern.

Gleichzeitig muss jedoch das Bewusstsein zurückkehren, dass die Wahrnehmung der Unterschiede, denen wir die verschiedensten Begriffe zuordnen und Etiketten aufkleben, nur ein Hilfsmittel ist, um ein möglichst angenehmes Leben im täglichen Miteinander führen zu können. Es ist einfach nicht angenehm, beispielsweise im Sommer mit Winterkleidung aus dem Haus zu gehen. Es ist ungünstig, auf einer verkehrsreichen Straße zu joggen statt auf einem Feldweg oder im Wald. Es wäre ein Nachteil, wenn du keinen Unterschied darin erkennen würdest, ob dein Chef dir oder deinem intriganten Kollegen eine Gehaltserhöhung verspricht.

"Ich HEISSE Werner", es ist notwendig, einen Namen zu haben, um von anderen Personen unterschieden werden zu können. **Aber mein Name ist doch weiß Gott nicht, was ICH BIN.** Mit anderen Worten: Was draufsteht, ist nicht drin! Was mein Sein betrifft, ist mein Name irrelevant. Sind auch alle anderen Namen irrelevant. Sind sogar sämtliche Begriffe, mit denen wir die unterschiedlichsten Lebewesen, Gegenstände, Emotionen und Situationen bezeichnen, irrelevant. Was das Sein betrifft, ist nämlich alles, alles miteinander identisch.

So nützlich die Fähigkeit unseres Verstandes zu differenzieren und zu katalogisieren auch ist, so ungünstig wird sie, wenn wir glauben, dass die Welt der Begriffe die Realität ist. Im Gegenteil, diese Annahme ist, wie wir sahen, die Wurzel allen Übels. Sie hat nicht nur zur Judenvernichtung geführt, sie ist der wahre Herd jedes denkbaren Konflikts.

"Ich HEISSE Werner und ich BIN Liebe." Das gilt natürlich nicht nur für mich, sondern auch für jeden anderen Menschen.

Woher willst du das wissen, magst du nun fragen? Dieses Wissen hat seinen Ursprung nicht in der Welt der

Begriffe. Wäre es nämlich dort angesiedelt, würde der “Begriff” Liebe wiederum nur eine Unterscheidung anzeigen. Liebe wäre dann lediglich das Gegenstück von Hass oder Gleichgültigkeit.

Theoretisch wäre es möglich, das allen Begriffen zugrundeliegende Sein statt Liebe Gott, Tao, Geist, Energie, Realität oder auch Nichts zu nennen. Doch diese Begriffe können samt und sonders die verschiedensten Assoziationen auslösen, womit wir wiederum in der Welt der Begriffe angelangt wären. Kürzlich korrigierte mich ein Zuhörer bei einem Vortrag, als ich bemerkte, Realität und Wirklichkeit seien Synonyme, also austauschbare Begriffe, er sei da ganz anderer Meinung als ich. Seine Bemerkung diente mir dann als willkommenes Beispiel, um klarzumachen, dass selbst synonyme Begriffe zum Anlass einer vollkommen nutzlosen Diskussion, womöglich sogar zum Streit, führen können. Natürlich **kann** man die Begriffe Wirklichkeit und Realität unterschiedlich bewerten, aber eben nur dann, wenn man sie für unterschiedliche Zwecke gebraucht. Tja, in der Welt der Begriffe gibt es keine Einheit, und je mehr wir an ihr festkleben, desto weniger Liebe gibt es natürlich.

Ich definiere unseren natürlichen Seinszustand deshalb so gern mit dem “Begriff” Liebe, weil er wahrscheinlich unter all den zuvor genannten Begriffen, mit denen wir unsere wahre Natur bezeichnen können, am allerwenigsten “verschiedene” Assoziationen in uns auslösen kann. Jeder

Mensch hat schon einmal Liebe erfahren und kennt die subjektive Empfindung der Liebe im Inneren. Und wird diese Empfindung im Inneren genährt, anstatt über den Begriff als solchen zu streiten, kann sie unmöglich zu fruchtlosen Diskussionen, Zwist und Disharmonie führen. Im Gegenteil: Wären wir uns alle dessen bewusst, dass unser Sein Liebe ist, würden die Unterschiede, die Disharmonien erzeugen, beseitigt.

Es geht überhaupt nicht darum, den Verstand abzuschalten. Wir brauchen ihn dringend, sonst können wir nicht überleben. Es geht einzig nur darum, uns an unser Sein zu erinnern, denn in unserem Sein sind wir alle identisch.

Egal woher wir stammen, welche Hautfarbe oder welchen sozialen Status wir haben oder welchen Bildungsgrad wir besitzen: Unser Sein betreffend sind wir alle Liebe, ja alles ist essenziell Liebe, alles, worauf wir ein spezifisches Etikett geklebt haben.

Diese Sichtweise ist uns verloren gegangen, weil wir Begriffe, die nur ein Hilfsmittel sind, um uns in der Welt zurechtfinden zu können, zur Realität erhoben haben.

Wenn du dir - sagen wir mal - zehn verschiedene Goldringe ansiehst, kannst du deinen Blick auf die verschiedenen Formen richten und die Arbeit des Goldschmieds bewundern. Daran ist nichts auszusetzen. Die Unterschiede zu sehen und zu bewundern ist der Job des Verstandes. Du kannst aber ebenso auch die eine Substanz sehen und schätzen, aus der sie alle hergestellt sind, und das ist in jedem Fall Gold.

Daher wäre es hilfreich, wenn wir uns an die Wirklichkeit erinnern könnten, die den Erscheinungen zugrunde liegt. Du siehst eine "hässliche" Raupe oder den unbeweglichen Kokon, wenn sie sich verpuppt. Innen aber sieht es ganz anders aus, denn dort befindet sich ein in der Entwicklung befindlicher farbenprächtiger Schmetterling.

Die jeweilige Form, die du wahrnimmst, wenn du auf die Welt der Begriffe fixiert bist, ist NIE die Essenz. Wenn du ausschließlich auf die Unterschiede im Leben achtest, geht dir der Blick für die Essenz verloren. Solange das keine Disharmonien bewirkt, sondern lediglich Interesse erzeugt, spricht nichts gegen das immerwährende Differenzieren und Katalogisieren deines Verstandes. Wenn es jedoch dazu führt, dass es dir mehr bedeutet als das Sein selbst, die Substanz, die Essenz, dann hast du ein Riesenproblem an der Backe, weil die Wahrnehmung der Unterschiedlichkeit in der Welt der Formen ganz schnell zu Spaltung und Hass führen kann.

"Ich BIN Liebe." Egal was ich in der Welt der Formen erlebe. Es sind nur Etiketten, die wir den Erscheinungen der einen Quelle, der alles entspringt, aufgeklebt haben.

Wenn du damit beginnst, dich auf das Sein auszurichten, mag dein Verstand deiner gegenwärtigen Situation das Etikett "beschissen" aufkleben, es wird dich nicht sonderlich stören, weil dir bewusst ist, dass es der Job des Verstandes ist, dir Bewertungen zur Verfügung zu stellen. Seine Bewertung ist jedoch objektiv betrachtet weder richtig noch falsch, sondern richtet sich nach seiner subjektiven Bewertung der Lage. Ob du ihm folgen willst oder nicht, beruht ganz allein auf deiner Entscheidung.

Ich fand heraus, dass die Ausrichtung auf das, was ich BIN, egal wie der Verstand die jeweilige Lage bewertet, in jeder Situation zu besseren Entscheidungen führt. Insbesondere dann, wenn der Verstand eine Situation als negativ bewertet, ist es von großem Vorteil, wenn du dir sagst: "Ja, ich fühl mich gerade mies, und genau dafür liebe ich mich!" Ignoriere nicht die Bewertung deines Verstandes. Versuche erst gar nicht, das Etikett zu verändern. **Werde dir nur bewusst, dass es ein Etikett und nicht die ihm zugrundeliegende Wirklichkeit ist!** Schau es dir an und liebe dich dafür. Denn sobald du das tust, richtest du deinen Blick automatisch auf dein Sein, das in jeder, also auch in der miesen Situation, Liebe ist. In allen Lebensformen und Lebenslagen ist die Essenz Liebe, ebenso wie die Substanz aller Goldringe Gold ist. Du wirst merken, dass diese simple Übung dich immer wieder aufs Sein fokussiert. Die Bewertungen deines Verstandes werden dadurch zwar nicht verschwinden, aber sie haben von da an immer nur dann Relevanz, wenn sie dir günstig erscheinen.

Die Übung, jede Situation zu akzeptieren, zu lieben, hat überhaupt nichts mit Fatalismus zu tun. Es ist vielmehr das Intelligenteste, was du tun kannst. In der Akzeptanz dessen, was ist, berührst du immer deine wahre Natur. Denn dein Sein ist nie in der Vergangenheit oder der Zukunft. Vergangenheit und Zukunft sind vielmehr Begriffe, die nur gedacht, jedoch nie erlebt werden können. Wenn du dich an etwas erinnerst, was du in der Vergangenheit erlebt hast, kannst du dies immer nur in der Gegenwart tun. Wenn du an etwas denkst, was möglicherweise in der Zukunft geschieht oder geschehen sollte, kann es ebenfalls nur in der Gegenwart geschehen. Sein ist immer nur jetzt. Und weil jetzt nichts anderes sein kann als Sein, nimmst du das, was jetzt ist, so an, wie es ist.

Wenn du aber in der Vergangenheit lebst, indem du dir oder anderen für einen Fehler Vorwürfe machst, oder in der Zukunft lebst, indem du der Sorge oder der Furcht Raum gibst, entwurzelst du dich selbst aus dem gegenwärtigen Sein und wirst kraftlos. Die Lösung: Lass deinen Verstand Vorwürfe oder Sorgen produzieren, verwehre es ihm nicht, widerstehe ihm nicht, kümmere dich jedoch nur um das, was jetzt getan werden kann und getan werden muss. Denn mehr als das ist nie möglich.

Wenn du darin ein wenig geübt bist, wird dein Verstand zu dem, was er eigentlich sein soll: ein wertvolles Instrument zur Orientierung in der Welt der Begriffe. Wird er dazu gerade mal nicht gebraucht, produziert er zwar immer noch Bewertungen aller Art, weil es sein Job ist, doch du wirst nicht mehr in seine Aktivitäten verwickelt.

Du blickst ständig hinter die Etiketten, hinter alle Begriffe, hinter alle Bewertungen, die der Verstand produziert. Und dahinter kannst du nur Liebe erblicken. Denn Liebe ist unsere Essenz.

Die Illusion: Irgendwie bin ich wohl im falschen Film

In einem Zugabteil sitzen vier Menschen. Der erste würde gern in einem anderen Zug sitzen. Seit Jahren fährt er jeden Tag mit ihm zur Arbeit und abends wieder nach Hause zurück. Er weiß, dass er keine andere Wahl hat, als diesen Zug zu benutzen, aber er tut es stets widerstrebend. Es gibt nur wenige Tage, an denen er keinen inneren Widerstand spürt. Denn jeden Tag ist es dasselbe eintönige Erlebnis. Er kommt noch nicht einmal auf die Idee, in einen anderen Zug einzusteigen, denn außer seiner Arbeit und seinem Zuhause ist ihm nichts wirklich wichtig.

Der zweite Fahrgast sitzt ebenso ungern in diesem Zug, doch sein Widerstand entspringt einem anderen Motiv. Er wird nämlich das Gefühl nicht los, dass er sich "im falschen Film" befindet beziehungsweise er im falschen Zug sitzt. Aus diesem Grund ist er schon oft voller Erwartung, endlich den richtigen Zug zu erwischen, in einen anderen Zug eingestiegen. Doch eigenartigerweise befanden sich, wenn er das Abteil betrat, immer dieselben drei Menschen darin. Auch die Geräusche während der Fahrt waren identisch. Ebenso die Landschaft, wenn er aus dem Fenster schaute. Und wenn der Zug hielt, befand er sich stets am selben Bahnhof. Doch er gibt seine Hoffnung nicht auf. Er kann sie unmöglich aufgeben, so dringlich erscheint ihm der Wunsch, endlich in den richtigen Zug einzusteigen, um irgendwo anders anzukommen, obwohl er es schon einige Male vergeblich versucht hat.

Dem Dritten erging es eine Zeitlang genauso wie dem Ersten. Doch irgendwann begriff er, dass er offenbar keine Wahl hat, als täglich in diesen Zug einzusteigen. Zwar weiß er aus Erzählungen des einen der anderen drei Fahrgäste, dass es noch andere Züge gibt, doch da man ihm sagte, dass diese auch keinen anderen Bahnhof anlaufen würden, gab er seinen inneren Widerstand irgendwann auf. Von diesem Tag an ging es ihm relativ gut. Er ist zumeist in Harmonie mit sich selbst. Zwar kommt manchmal noch ein Widerstand auf, doch da er gewiss ist, dass sich das Ziel seiner Fahrt ohnehin nicht verändert, wenn er umsteigen würde, löst sich der Widerstand immer binnen kurzer Zeit auf.

Der vierte Fahrgast war lange Zeit ein Suchender, ebenso wie es der zweite immer noch ist. Ach, wie oft war er schon umgestiegen! Wie verzweifelt war er schon gewesen, wenn er dann entdeckte, dass immer dieselben drei anderen Menschen im Abteil saßen, immer dieselben Geräusche zu hören waren, immer dieselbe Landschaft an ihm vorbeiflog und dass er immer am selben Bahnhof ankam. An manchen Tagen wollte ihm seine Suche nach dem richtigen Zug so sinnlos erscheinen, dass er mit dem Gedanken spielte, seinen Kopf auf die Schienen zu legen und allem ein Ende zu machen. So langweilig erschien ihm sein Leben. Doch dann kam ein Tag, an dem sich für ihn alles verändern sollte. Wie immer saß er im selben Abteil mit jenen drei anderen Menschen zusammen. Dieselben Geräusche waren zu hören, dieselbe Landschaft flog am Fenster vorbei, und er war sich ganz sicher, auch heute würden sie wieder im selben Bahnhof einlaufen. Da überraschte ihn eine ihm zunächst recht seltsam anmutende Frage: Wenn er sich, egal in welchen Zug er auch einstieg, immer im selben Abteil zusammen mit denselben Menschen befand, wenn sich das Landschaftsbild vor dem Fenster niemals änderte und der Zielbahnhof auch niemals ein anderer war, dann konnte es letztlich nur **einen Zug** geben, obwohl es scheinbar mehrere gab, in die man "einsteigen" konnte. Und wenn das so war - und seine gesamte Erfahrung bezeugte, es musste so sein -, dann befand er sich offensichtlich schon immer im **einzig richtigen Zug**. Dann hatte es noch nie einen Zeitpunkt gegeben, an dem er "im falschen Film" war. Da, wo er jetzt saß, da, wo er jeden Tag gesessen hatte und wo er jeden weiteren Tag sitzen würde, war der einzige Ort, wo er sitzen konnte, weil es schlicht keinen anderen gab. Nur seine Suche nach einem anderen, dem richtigen Zug, nur das Empfinden, immer im falschen Zug zu sitzen, hatte ihn so fürchterlich unzufrieden gemacht.

Ein Glücksgefühl ohnegleichen durchströmte ihn, und überwältigt davon stand er auf und umarmte jeden der anderen drei Mitreisenden. Die wussten nicht, wie ihnen geschah, und sie fragten, was denn um Gottes Willen nur in ihn gefahren sei. "Stellt euch vor, Freunde!", rief er enthusiastisch, "wir alle sitzen hier im richtigen Zug, wir konnten und können niemals in einem anderen sitzen, denn es gibt letztlich nur diesen einen. Ist das nicht wunderbar?!" Und bei den letzten Worten begann er einen Veitstanz aufzuführen und lachte dabei, als wäre er närrisch geworden.

Der Erste erwiderte mürrisch: "Dass ich jeden Tag im selben Zug sitze - genau das ist ja mein Problem! Was soll denn daran nur 'wunderbar' sein?" Voller Abscheu vor dem verrückten Verhalten des Vierten wandte er sich von ihm ab und vergrub seinen Kopf in der Zeitung.

Der Zweite erwiderte: "Also ich denke, es muss einen anderen Zug geben, und solange dieses Empfinden da ist, werde ich, ja muss ich nach ihm suchen! Du magst ja zu der Erkenntnis gelangt sein, dass es nur diesen gibt, und deine Freude darüber ist dir ja anzusehen, aber selbst wenn es so wäre - ich muss das selbst herausfinden. Ich kann es einfach nicht glauben. Und ehrlich gesagt: Deine Betrachtungsweise der Dinge erscheint mir auch viel zu einfach."

Der Dritte sagte gleichmütig: “Mir ist schon längst klar geworden, dass ich mich damit abfinden muss, dass es offenbar nur diesen Zug gibt. Ich habe das voll und ganz akzeptiert, und seither geht es mir relativ gut. Verstehe überhaupt nicht, weshalb du ob dieser Erkenntnis dermaßen aus dem Häuschen gerätst!”

Aber der Vierte war wirklich außer Rand und Band. Wie Schuppen war es ihm von den Augen gefallen. Keine Frage, sie alle saßen im selben Zug, keiner von ihnen könnte jemals in einem anderen sitzen, doch gleichzeitig schien es, als wären sie alle “woanders”!

Denn der erste Fahrgast akzeptierte nicht, dass er in ihm saß und in ihm sitzen musste, und sehnte sich nach einem anderen Zug. Selbst wenn es keinen anderen gab, der ihn zu seiner Arbeit und wieder nach Hause brachte, rebellierte er gegen diesen Umstand. Deshalb war er oftmals so mürrisch und unausgeglichen.

Er symbolisiert den Typus des Menschen, den unsere Gesellschaft “normal” nennt. Zwar hat er eingesehen, dass das Leben nun mal vom täglichen Einerlei bestimmt wird, im Inneren jedoch akzeptiert er es nicht. Er kümmert sich aber auch nicht um mögliche Auswege aus dem Dilemma, weil es für ihn in erster Linie um seine Existenz – Arbeit und Familie – geht.

Der Zweite akzeptierte den Zug auch nicht, doch rebellierte er nicht gegen den Umstand als solchen, sondern befand sich noch auf der Suche nach einem anderen, dem richtigen Zug, den er irgendwann zu finden glaubte. Er ist übrigens der Einzige unter den Dreien, der jemals zu der Einsicht des Vierten gelangen könnte. Denn ohne Suche kann niemand herausfinden, wie überflüssig sie ist.

Er ist der Typus des spirituellen Suchers. Egal was er tut, er kann sich nicht von dem Gedanken lösen, dass die existenziellen Bedürfnisse nicht alles sein können, worum es im Leben geht. Und deshalb probiert er alternative Wege aus. Vielleicht wird er Vegetarier, lernt zu meditieren, praktiziert Yoga, besucht Seminare und Satsangs, liest jede Menge spirituelle Literatur. Egal was er tut, in jedem Fall befindet er sich aktiv auf der Suche. Warum kann nur dieser Typus zur Erkenntnis des Vierten gelangen? **Weil man nur Antworten auf die Fragen bekommt, die man stellt.** Wie solltest du jemals eine adäquate Antwort bekommen, wenn dir die Sinnfrage gleichgültig ist?

Der Dritte akzeptierte zwar, im Zug zu sitzen, aber da seine frühere Unzufriedenheit niemals der Suche nach dem einzig richtigen Zug, sondern lediglich dem Wunsch galt, den inneren Widerstand zu überwinden, immer in ein und demselben Zug sitzen zu müssen, konnte er die Glückseligkeit, die der Vierte mit seiner Erkenntnis verband, überhaupt nicht begreifen. Weshalb sollte es für sein Glück wichtig sein zu erkennen, dass es keinen anderen als diesen Zug gab? Ihm genügte es, sich mit den Tatsachen zu arrangieren, und darin hatte er relativ beständig Frieden gefunden.

Er symbolisiert den Typus eines Menschen, der seine jeweilige Situation akzeptiert, weil er zu dem logischen Schluss gekommen ist, dass das Festhalten an inneren Widerständen seine Lage nicht zu verbessern vermag. Daher ist sein Frieden relativ beständig, und er erreicht seine Ziele leichter und effizienter. Vielleicht hat er eine Methode gefunden, um seine temporär auftretenden Widerstände schneller "loslassen" zu können, aber darüber hinaus trachtet er nicht nach spiritueller Erkenntnis und natürlich auch nicht danach, erleuchtet zu werden.

Der Frieden des vierten Fahrgastes unterlag keinem Wechsel, denn seine verzweifelte Suche war endlich beendet. Ihm stellte sich daher überhaupt nicht die Frage, ob er bereit sei zu akzeptieren, dass er immer in ein und demselben Zug saß, **weil er von der Illusion befreit war, es könne einen anderen Zug geben.** Manchmal machte er sich zwar noch ein Vergnügen daraus, in einen anderen Zug einzusteigen, doch seine Erwartung war nicht, etwas anderes vorzufinden als das immer gleiche Abteil mit den immer gleichen drei Mitreisenden, der gleichen Landschaft, demselben Zielbahnhof. Er war "angekommen", weil er eingesehen hatte, dass er niemals mehr umsteigen, anderswo ankommen musste und auch niemals irgendwo anders ankommen konnte.

Er ist der Typus, den man gemeinhin als erwacht oder erleuchtet betrachtet, doch eigentlich ist er einfach nur vollständig desillusioniert. Daher kann er klar und deutlich sehen, dass er sich, egal wonach und wo er auch suchte, schon immer in seinem natürlichen Zustand befunden hatte. Ganz gleich, wie nun die jeweiligen Fahrtbedingungen sind, egal welche Störungen hierbei auftreten können, sie können ihn in der Wahrnehmung seiner wahren Natur nicht mehr verunsichern. Diese Gewissheit ist nicht mehr zu erschüttern, weil sie nicht, wie beim dritten Typus, von inneren Widerständen abhängig ist. Natürlich kann er nach wie vor die verschiedensten Methoden benutzen, um seine Lebensreise so angenehm wie möglich zu gestalten. Doch der falsche, unbefriedigende Eindruck, anderswo sein zu können oder zu müssen als da, wo er sich jeweils aufhält, ist für alle Zeit ausgelöscht.

Die Illusion: Jeder Schritt nach vorn bringt mich voran

"Die tiefste Wahrheit einer jeden Person ist die Nicht-Person."
Jed McKenna

Stell dir ein Wollknäuel vor, von dem Wollfaden für Wollfaden abgewickelt wird. Was bleibt am Ende übrig? Natürlich gar nichts, nicht wahr? Das ist der Prozess, in dem wir uns alle befinden. Egal, in welchem Stadium du dich augenblicklich befindest, dieser Prozess schreitet so lange voran, bis das Wollknäuel vollständig abgewickelt ist.

Einer dieser Fäden war in meiner Erfahrung meine Hinwendung zu Jesus. Achtunddreißig Jahre ist das nun schon her. Angeregt durch eine liebenswürdige fromme Dame betete ich ein schlichtes Gebet und bat Jesus, in mein Leben zu kommen. Und da war er! Zumindest glaubte ich, seine Gegenwart spüren zu können, und fühlte mich großer Lasten entledigt, fühlte mich frei und glaubte fortan, nach dem Tod in den Himmel zu kommen. Natürlich war das eine wirklich erhebende Erfahrung, denn mit jedem abgewickelten Faden entledigst du dich einer Verstrickung.

Ein paar Jahre später erfuhr ich die sogenannte Taufe mit dem Heiligen Geist bei den Pfingstlern, einer religiösen Bewegung, die um die Jahrhundertwende in den USA entstand. Ich redete ekstatisch in anderen Zungen, weissagte, vermochte sogar manch einen Menschen durch Handauflegung zu heilen. Damals glaubte ich natürlich, "mehr von Gott" empfangen zu haben. In Wahrheit war lediglich ein Faden "weniger" auf dem Wollknäuel.

Wiederum ein paar Jahre später kam ich mit einer Bewegung in Berührung, in der ich lernte, in der Fülle spiritueller Erfahrung zu leben, doch ein tief im Inneren vorhandenes Mangelgefühl wollte auch während dieses Zeitraums nicht von mir weichen, und zehn Jahre später stellte sich schließlich heraus, dass lediglich einige weitere Fäden vom Wollknäuel abgewickelt worden waren.

Vielleicht sollte ich nicht zu erwähnen vergessen, dass sich meine Suche auch auf anderen Ebenen vollzog. Ich machte Karriere, hortete Geld, unternahm Reisen in ferne Länder, gewann gute Freunde, wich auch erotischen Abenteuern nicht aus und genoss das Leben in vielerlei Hinsicht. Doch auch dabei ging meine Suche stets weiter, der subtile innere Drang nach wahrer Glückseligkeit und dem tieferen Sinn des Lebens wollte sich einfach niemals verlieren. Faden um Faden, man könnte auch sagen Illusion um Illusion, wurde auf diese Weise von der Leere "unten drunter" entfernt.

Als ich die oben erwähnte Gruppe schließlich verließ, beschäftigte ich mich mit vielen verschiedenen spirituellen Pfaden, insbesondere fernöstlichen. Und ich begann zu meditieren. Wiederum machte ich viele erhebende Erfahrungen, und in wenigen Momenten erschien es mir tatsächlich so, als wäre denselben nichts mehr hinzuzufügen. Ich fühlte mich eins mit dem Kosmos, eins mit allen Menschen. Das Eigenartige war nur, dass ich dennoch niemals zu suchen aufhören konnte. Etwas tief in mir wollte sich einfach nicht zufriedengeben.

Dann kam jener Tag, an dem ich ein wunderbares Buch las: *Der Erleuchtung ist es egal, wie du sie erlangst* von Thaddeus Golas. Und ich begann gemäß der Empfehlung des Autors sofort mit der Übung, alles zu lieben. Eine Veränderung trat ein, die ich nach all dem, was ich bereits erlebt hatte, kaum noch für möglich gehalten hatte. Ich schrieb ein Buch darüber, doch als es publiziert worden war und jeden Tag begeisterte Leserfeedbacks eintrafen, geriet ich, wie bereits erwähnt, in die dunkelste Phase meines gesamten Lebens. Die Finsternis wurde schließlich so dicht, dass ich glaubte, mich in eine Klinik begeben zu müssen, ich wusste weder ein noch aus. Aber ich konnte auch währenddessen nicht aufhören, mich darin zu lieben.

Heute weiß ich, dass diese Krise der vorletzte Faden auf meiner langen Reise gewesen war. Manche bezeichnen ihn als die dunkle Nacht der Seele. Schon als ich mich aufgrund eines inneren Eindrucks entschieden hatte, Ramesh Balsekar in Bombay zu besuchen, und im Zug saß, um zum Flughafen zu fahren, überkam mich ein Frieden, der mich nie mehr verlassen sollte. Das wusste ich aber zu diesem Zeitpunkt noch nicht, denn der letzte Faden war noch nicht abgewickelt.

Dann, als ich am dritten Tag vor dem Weisen im Satsang saß, hatte ich keine Wahl, als wie ein Schlosshund zu weinen, weil ich in ihm nach vierzig Jahren teilweise verzweifelter Suche meine wahre Natur wie in einem blankgeputzten Spiegel entdeckte. In der Gegenwart dieses Meisters der Desillusionierung, dessen Suche schon längst beendet war, wurde der letzte Faden entfernt. Ich beherzigte Rameshs Empfehlung, eine Aktion während des nächsten Tages dahingehend zu prüfen, ob sie durch meine Entscheidung zustande gekommen oder schlicht eine Wirkung auf eine Ursache war, über die ich keinerlei Kontrolle hatte. Am Abend dieses Tages stellte ich fest, dass keine einzige meiner Handlungen auf meiner Entscheidung beruhte.

Als ich am nächsten Morgen vom Schlaf erwachte, nahm ich denselben Frieden wahr wie schon an dem Tag, als ich im Zug nach Frankfurt gefahren war, aber das zu jenem Zeitpunkt noch vorhandene Gefühl, etwas finden zu müssen, was ich noch nicht besaß, war nun restlos verschwunden und kehrte seitdem nie mehr auch nur für eine Sekunde zurück.

Das falsche Empfinden, der Handelnde zu sein, war also der letzte Faden, der abgewickelt werden musste, um festzustellen, dass nichts vorhanden war, was jemals gesucht werden musste. Alles, was ich in meinem Leben erfahren hatte, diente letztlich nur diesem Zweck: das Wollknäuel Faden für Faden abzuwickeln, bis nichts mehr von ihm übrig blieb. Die Leere oder das Nichts (oder welches Etikett auch immer wir unserer wahren Natur aufkleben wollen) war lediglich von einem dichten Knäuel Wolle umgeben, das Faden für Faden abgewickelt werden musste, um das zu sein, was schon immer ist.

Daher sage ich: Es geht, auch wenn wir das bei all unseren Erfahrungen meinen, niemals darum, **mehr** zu erreichen. Alles was wir erreichen, egal was es ist, ist letztlich nur ein Faden, den das Leben **abwickelt**, um sein zu können, was wir schon immer sind.

Du wirst nicht aufhören können, nach etwas zu streben, egal was es ist, weil das der einzige Weg zur "Abwicklung" ist. Du glaubst immer, mehr erreichen zu müssen – materiell, emotional, mental und schließlich spirituell –, doch dies führt nicht in die Fülle, sondern in die Leere. Erst wenn der letzte Faden des Wollknäuels abgewickelt ist, wirst du im wahrsten Sinne des Wortes "nichts" mehr suchen, weil es enthüllt worden ist - die Leere, die du (schon immer) bist.

Egal was du dann denkst, fühlst und tust, egal wo du bist, egal was passiert - in allem wirst du Leere wahrnehmen, in allem wirst du einfach "nicht sein".

Du sitzt dann nicht nutzlos herum und tust nichts. Nein, dein Leben geht weiter, du wirst aktiv und passiv sein, lachen und weinen, kommunizieren, arbeiten, denken, fühlen und handeln, Projekte anpeilen und sie vollenden. Doch es gibt nichts mehr, was du suchst. Es gibt auch nichts mehr, was du findest. Selbst wenn du etwas findest, was du vorher nicht hattest, verändert es nichts an deinem natürlichen Zustand. Du bist nicht mehr abhängig vom Auf und Ab deiner Emotionen und Situationen.

Wir winden uns, wenn wir das hören. Doch was ist der Grund? Wir können nicht anders, als die Fäden auf unserem Wollknäuel zu pflegen, weil wir von ihnen das Heil erwarten. Das Verrückte dabei ist: Egal, wie sehr du darum bemüht bist, sie zu erhalten und dein Knäuel immer größer und dicker zu machen - in Wahrheit wird es dabei abgewickelt. Du kannst dich dagegen wehren, du kannst es zu verhindern versuchen, doch wie sehr du auch dagegen anstrampelst, am Ende wird dich Leere erwarten. Und das ist, so absurd es auch klingt, der Ausgangspunkt deiner langen, imaginären Reise. Es gab noch nie etwas anderes als Leere. Das Wollknäuel war nur eine Illusion, und dein ganzes Leben mit all seinen Freuden und Leiden diente nur dazu, um dich, so abenteuerlich es auch manchmal zu sein scheint, von ihm zu befreien. Das ist dein - der ewigen Leere - geniales Spiel.

Die Illusion:
Im Leersein ist keine Erfüllung

"Deine Blickrichtung hat sich
völlig umgekehrt, um 180 Grad.
Es ist, als wäre die ganze Welt verschwunden."
Osho

Niemand kann dir verübeln, die Aussage dieses Meisters der Desillusionierung als Verrücktheit eines schillernden Gurus aus dem exotischen Indien abzutun. Schließlich sind wir weder blind noch taub! Wohin wir auch blicken, überall entdecken wir Existenz, Leben, Dasein. Aber du täuschst dich! Was immer du siehst, hörst, betastest, riechst, schmeckst, denkst und fühlst, ist nicht vorhanden. Es ist nicht mehr als eine Art Fata Morgana. Ist die Existenz als virtuelle Realität und damit als Illusion identifiziert, bedeutet das natürlich nicht, dass du sie nicht mehr wahrnehmen kannst. Ebenso wie alle anderen Menschen siehst du natürlich auch: Da steht ein Baum! Ebenso wie dein Nachbar hörst du: Da singt eine Amsel! Aber niemand wird dir mehr einreden können, dass es sich bei dem Baum und dem Vogelzwitschern um Realität handeln könnte. Es ist lediglich unsere Art der Wahrnehmung, die all diese Formen entstehen und vergehen lässt. Ein Regenwurm würde sich kringeln vor Lachen, wenn du ihm klarmachen könntest, auf welche Weise du die Welt wahrnimmst, denn seine Regenwurmwelt ist natürlich eine ganz andere.

Wie man zu so einer Auffassung kommt? Indem man durchblickt! Jedoch ist dieser Durchblick nichts, wofür man etwas kann. Der Durchblick ist also nicht das Ergebnis angestrengten Nachdenkens. Auch nicht das Resultat irgendeiner mentalen Übung. Du kannst in Philosophie promovieren oder ein Leben lang in einem ZEN-Kloster meditieren, ohne jemals durchzublicken. Der Durchblick geschieht, wenn du keine andere Wahl hast, als dir selbst zu begegnen.

Im Normalfall laufen wir diesem Durchblick andauernd davon, obwohl wir uns letztlich nach ihm sehnen. All unsere Wege zu mehr Glück und Erfolg, zu mehr Harmonie, Gesundheit und Lebensverlängerung sind in Wahrheit ausgeklügelte Strategien, um zu vermeiden, uns selbst und damit der Nicht-Existenz zu begegnen.

Ich bin alles andere als ein Gegner von Erfolgsstrategien. Im Gegenteil: Ich bin ihr Befürworter und vermute, die effizientesten aus eigener Erfahrung zu kennen. Wenn es jedoch optimal läuft, wirst du am Ende erkennen, dass sie alle verhindern, deine wahre Natur zu entdecken, die im ZEN-Buddhismus bezeichnenderweise “Leerheit” genannt wird.

Das, was wir unser Leben lang zu vermeiden versuchen, ist genau das, was uns frei macht. Wann immer wir in die Nähe der Leere gelangen, sind wir uns selbst am nächsten, und es bedürfte nur noch unseres Einlassens auf das Nichts, die Leere, in der uns beständiger Frieden erwartet.

In den Tagebuchaufzeichnungen einer guten Freundin, die sie mir zeigte, fand sich folgender Text:

Ich bin mehr als jeder glaubt.
Vielleicht bin ich wirklich unwirklich,
der Wahn, der Traum.
Mehr - mehr - mehr als?
Mehr als Zufriedenheit?
Mehr als Lachen und Lächeln.
Ist Glück nicht Ausruhen an gefährlicher Stelle?
Fragen und Suchen,
und keine Antworten, keine Wegweiser, keine Ziele.
Doch höre auf die Stimme in dir,
die beständig flüstert und rauscht,
wie der Bach, der endlich eingeht
in das Wasser der Wasser ...

Der Text hat mich tief berührt und berührt mich noch immer, denn damals - da war sie erst so um die zwanzig - muss sie schon ganz, ganz nah dran gewesen sein an dem Nichts.

Zumeist weichen wir immer und immer wieder vor ihm zurück und flüchten uns in eine Erfolgsstrategie. Aus diesem Grund boomt der Markt für Glücks- und Erfolgsstrategien. Ein schier unübersehbares Angebot an Büchern und Seminaren, um glücklicher, erfolgreicher, gesünder, schöner werden zu können. Und dagegen spricht nichts! Im Gegenteil: Weshalb sollten wir die Illusion unserer Existenz nicht so optimal wie irgend möglich gestalten?

Dennoch gibt es wohl keinen Menschen, der nicht wenigstens einmal in seinem Leben zutiefst deprimiert war. Ein Zeitpunkt, an dem uns alles sinnlos zu sein scheint. Die Auslöser sind verschiedenen Ursprungs - Liebeskummer, Arbeitslosigkeit, Krankheit, eine Katastrophe, der Verlust eines geliebten Menschen, Weltschmerz usw. Das Erleben als solches ist immer identisch: vollständige Leere und Lähmung. Nichts geht mehr.

Besuchst du in so einem Zustand einen Arzt, wird er dir höchstwahrscheinlich Psychopharmaka verschreiben. Suchst du einen Psychotherapeuten auf, wird er womöglich mit dir zusammen in vielen Sitzungen traumatische Erfahrungen aus deiner Kindheit aufzuarbeiten beginnen. Reinkarnationstherapeuten werden dich in Trance versetzen, auf dass du dich erinnerst, wer du in früheren Leben warst, um den kausalen Zusammenhang zwischen der Depression und deiner karmischen Schuld aufzulösen.

So wie ich kein Gegner von Erfolgsstrategien bin, lehne ich weder pharmakologische Erzeugnisse noch Therapien ab, die uns Erleichterung verschaffen. Sie können dir sehr wohl dabei helfen, der Leere, dem Nichts ein weiteres Mal zu entkommen, anstatt dich einzulassen auf den Abgrund der Nicht-Existenz und dabei dir selbst zu begegnen. Und solange du noch vor dem Abgrund zurückzuweichen vermagst, solltest du jede Erfolgsstrategie und jede Therapie, die dir nützlich erscheint, anzuwenden versuchen.

Wenn Menschen zu mir ins Einzelcoaching kommen, hole ich sie immer da ab, wo sie stehen. Ich ermutige niemanden, in den Abgrund zu springen. Schon weil ich weiß, dass dieser Sprung nicht gelingt, bevor die Zeit reif ist. Jeder meiner Besucher erhält vielmehr immer nur das, was seiner gegenwärtigen Verfassung entspricht. Doch letztlich sind alle Wünsche nur ein Ablenkungsmanöver des Egos, um sich der Desillusionierung ein weiteres Mal entziehen zu können. Und ich verweigere dabei niemandem meine Hilfe, denn jede Erfahrung ist notwendig, um schließlich zu erkennen, dass sie zwar helfen, aber nicht den erhofften Effekt bringen kann.

Für manche Menschen ist zweifelsohne der Zeitpunkt gekommen, sich auf die Leere einzulassen. Die Initiative jedoch, sie muss aus ihnen selbst heraus kommen. Nur so funktioniert Desillusionierung.

Ich habe vierzig Jahre gebraucht, um mich auf das Leersein einlassen zu können, was jedoch nicht bedeutet, dass man so lange braucht. Ich war einfach **unfähig**, mich vorher auf sie einzulassen. Es ist ein Prozess, dessen Länge man nicht selbst bestimmt und auch nicht bestimmen kann. Und niemand sollte sich schämen oder anklagen, wenn es ihm (noch) nicht gelingt. Selbst wenn er dir ein Leben lang nicht gelingt, wäre das nicht weiter tragisch. Spätestens dann, wenn du stirbst, wirst du gezwungen sein, dich auf das Nichts einzulassen. Also lass dir nur Zeit. Es besteht überhaupt kein Grund zur Eile.

Du gewinnst nämlich überhaupt nichts hinzu. Im Gegenteil: Du wirst auf null reduziert. Denn so enttäuschend es auch klingen mag: Du bist eine Null. Du bist bereits "Leerheit" und kannst nichts anderes sein. Natürlich auch ich. Jeder von uns.

Gleichzeitig jedoch wirst du endlich frei sein. Frei von dem täuschenden Eindruck, die Welt sei Realität. Frei von der daraus entspringenden Täuschung, du müsstest etwas tun, um Freiheit zu erlangen. Frei von aller Angst und dem frustrierenden Verlangen, mehr zu erfahren, mehr zu erreichen als das, was gerade JETZT da ist.

Kein Zweifel, der Prozess der Desillusionierung führt in die Leere, doch das bedeutet nicht etwa, dass uns das Leben nach seiner Vollendung kaltlässt. Ich empfinde weitaus mehr Mitgefühl für einen leidenden Menschen als früher und scheue mich auch nicht, mit ihm zu weinen, wenn mir danach ist. Der Gesang einer Amsel findet meine Aufmerksamkeit und zaubert ein Lächeln in mein Gesicht. Wenn ich durch den Wald jogge, staune ich jedes Mal neu über den Erfindungsreichtum an Farben und Formen von Mutter Natur. Ich genieße es, möglichst einmal pro Woche in der Sauna zu schwitzen, anschließend ins Kaltwasserbecken zu springen und nach einer wohltuenden Ruhepause mit meinem Freund im Bistro ein Glas frisch gezapftes Weizenbier zu trinken. Meistens schreibe ich viele Stunden pro Tag und freue mich, wenn es mir gelingt, meiner unmittelbaren Erfahrung Ausdruck zu verleihen. Ich genieße es, mir einen gut inszenierten Film anzuschauen, und wenn er mich berührt, sehe ich ihn mir auch ein zweites oder drittes Mal an. Dasselbe gilt für gute Literatur.

So paradox es auch klingen mag: Erst in der Leere wird das Leben zur Fülle. Und doch ist es mir völlig unmöglich zu übersehen, dass das, was jeweils erscheint, nicht die Wirklichkeit ist. Ich bleibe stets der objektlos liebende Zeuge und bin schlicht **unfähig**, meine Heimat, die Leere, in all dem äußeren Treiben auch nur für einen Moment zu verleugnen.

Kommen wir noch einmal auf den emotionalen Zustand zurück, in dem uns alles so fürchterlich sinnlos und leer zu sein scheint. Warum tun wir alles, um diesem Zustand so schnell wie nur irgend möglich zu entkommen? Weil er sich so unangenehm anfühlt? Weil er uns Angst macht? Weil wir dann eine Zeit lang handlungsunfähig sind? Weil die Gesellschaft solche "Trantüten" als Loser betrachtet und ihnen die Anerkennung verweigert? Vordergründig betrachtet, gewiss.

Der eigentliche Grund liegt wesentlich tiefer. Wie schon erwähnt, es ist eine unbewusste Verhinderungsstrategie, um die Begegnung mit unserer wahren Natur zu vermeiden. Denn wenn sie sich tatsächlich ereignet, ist dies wie ein vorgezogener Tod. Die eingebildete Herrschaft des Egos stirbt, während man noch unter den Lebenden weilt. Anschließend wirst du all das, was du wahrnimmst, nie mehr, auch nicht für eine Sekunde, als Realität betrachten können. Wenn unsere wahre Natur sich entdeckt hat, sind wir von der Illusion befreit, die uns eine real existierende Welt vorzugaukeln vermochte.

Wem es vergönnt ist, immer wieder in den emotionalen Zustand von Leere und Sinnlosigkeit zu geraten, dem sei gesagt: **Nie bist du dir näher als während dieses Zeitraums!** Wenn es dir irgend möglich ist, fürchte dich nicht mehr vor dem "schwarzen Loch", dem bodenlosen Abgrund, der sich dann vor dir auftut! Denn wenn du dich ihm nicht mehr verweigern, ihm nicht mehr widerstehen, ihm nicht mehr ausweichen müsstest, sondern du die Finsternis **aushalten**, dich auf sie **einlassen könntest**, wenn sie dich von allen Seiten umgibt, würdest du plötzlich und ohne dein Zutun bemerken, **dass "du" gar nicht existierst.**

Der Schriftsteller Georg Büchner (1813–1837) hat in seiner viel beachteten Erzählung *Lenz* jenen Zustand der Leere, wie ihn das Ego vor der Desillusionierung erlebt, in wenigen Sätzen eindrucksvoll beschrieben:

"Lenz starrte ruhig hinaus, keine Ahnung, kein Drang; nur wuchs eine dumpfe Angst in ihm, je mehr Gegenstände sich in der Finsternis verloren. Sie mussten einkehren; da machte er wieder mehrere Versuche, Hand an sich zu legen, war aber zu scharf bewacht. Am folgenden Morgen bei trübem, regnerischem Wetter traf er in Straßburg ein. Er schien ganz vernünftig, sprach mit den Leuten; er tat alles, wie es die anderen taten, es war aber eine entsetzliche Leere in ihm ..."

Lenz geht es nun wie vielen anderen Menschen, die der Leere begegnen – er wird nicht desillusioniert, sondern er resigniert: "... er fühlte keine Angst mehr, kein Verlangen; sein Dasein war ihm eine notwendige Last. – So lebte er hin." Der Roman endet hier.

Da ist, von außen betrachtet, nur ein winziger Unterschied zwischen einem Desillusionierten und einem Resignierten. In Wahrheit ist der Unterschied riesig und weiter voneinander entfernt als die Sonne von der Erde. Die Leere weicht nach der Desillusionierung nicht beständiger Freude, nein, diese Vorstellung entspricht nicht der Erfahrung, und wer es behauptet, macht sich selbst und anderen etwas vor und weiß nicht, worüber er spricht. Die Leere verliert lediglich ihren Schrecken, sie vermag uns weder zu ängstigen noch zu bedrücken, weil plötzlich etwas geschieht, was absurd zu sein scheint, bevor man es selbst erfährt: Nicht nur die Angst und jedes Verlangen, ihr zu entfliehen, verschwindet, sondern auch jeglicher Widerstand gegen den vorher als "entsetzlich" bewerteten Zustand der Leere. Denn es ist einfach niemand mehr da, der sich gegen ihn auflehnen kann, im Gegenteil, man wird aus unerfindlichen Gründen fähig, die Leere als grundlegende Realität, als Urgrund der ewig überströmenden Seinsfülle anzuerkennen, zu akzeptieren, ja sogar zu lieben. Und mit dieser liebenden Akzeptanz ist ein unverursachter Frieden verbunden, der selbst in emotional belastenden Situationen nicht mehr verschwinden kann. Das und nur das ist die "Glückseligkeit" derer, die desillusioniert sind. Noch immer ist es einem völlig gleichgültig, ob man lebt oder im nächsten Moment von der Bühne des Lebens abtreten muss, aber das einst damit verbundene Gefühl von Resignation angesichts der als real erkannten Sinnlosigkeit und völligen Bedeutungslosigkeit des Daseins löst sich auf wie ein Morgennebel und kehrt nie mehr zurück.

Es ist nicht meine Absicht, jemanden zu überreden, diesen pfadlosen Pfad zu betreten. Wer sich angesprochen fühlt, ist womöglich an dem Punkt angelangt, sich auf die Leere einlassen zu können. Und für ihn wird das, was ich schreibe, sicherlich relevant sein. Mehr noch: Für ihn wird es letztendlich Freiheit bedeuten. Und der Beweis dafür wäre, dass niemand mehr da ist, der von sich behaupten könnte: **Ich** erfahre diese Freiheit.

Die Illusion: Mein Leben dient einem besonderen Zweck

"Der natürliche Zustand ist akausal:
Er geschieht einfach ... Das Einzige, das für dich real ist,
ist die Art und Weise, wie du funktionierst."
U. G. Krishnamurti

Jeder Mensch funktioniert anders. Es gibt nicht zwei Menschen, die auf dieselbe Weise funktionieren. Ich erscheine mir selbst, meine Funktion betreffend, so ähnlich wie eine Fliege - hochkomplex und vollständig sinnlos.

Welchen Sinn hat eine Fliege - außer dass sie als Futter für Eidechsen und ein paar andere Tierarten dient? Meistens fühlen wir uns von ihr gestört. Ich erinnere mich an einen Urlaub in Sizilien, in dem ich jeden Morgen viel zu früh von diesen lästigen Viechern aufgeweckt wurde, weil sie sich ausgerechnet meine Nase und Augendeckel als Landeplatz ausgesucht hatten.

Wir nehmen eine Klatsche und schlagen sie skrupellos tot. Früher hing man diese klebrigen Streifen an der Decke auf und freute sich, wenn ihnen möglichst viele dieser Quälgeister im wahrsten Sinne des Wortes "auf den Leim" gingen.

Wusstest du, dass Fliegen bis zu zehn ruckartige Drehungen pro Sekunde machen, bei denen sie Drehgeschwindigkeiten von bis zu 5000 Grad pro Sekunde erreichen? Derartige Drehgeschwindigkeiten können Menschen schon körperlich gar nicht aushalten. Bei ihren abenteuerlichen Flugmanövern verlässt sich die Fliege weitgehend auf ihre großen Facettenaugen, die einen fast vollständigen Rundumblick ermöglichen. Diese übermitteln fortlaufend Bilder an das Gehirn, die dort in Bruchteilen von Sekunden ausgewertet und in Kurssteuersignale umgewandelt werden. Und dabei erbringt sie ihre Leistungen mit einem Gehirn, das nicht mehr als ein Milligramm (!) wiegt.

Sie sind wirklich zu nichts nütze. Selbst als Futter für andere Tiere sind sie nicht unbedingt notwendig, denn es gibt schließlich noch eine ganze Reihe anderer Insekten, die diesem Zweck dienen. Zweifelsohne könnte die Natur auf die Fliege verzichten, ohne dass das ökologische System zusammenbrechen würde.

Solch ein hochkomplexes Wesen - ohne Sinn, ohne Ziel, ohne Wert! Was für eine Verschwendung, könnte man sagen.

Ich erscheine mir selbst nicht anders. Mag sein, dass mich manche Menschen als Hilfe empfinden. Aber mein

Ziel ist es nicht. Wie eine Fliege habe ich offensichtlich nur eine bestimmte Funktion, ohne die die Welt jedoch nicht ärmer sein würde.

Es wird dich vielleicht erstaunen, aber wenn ich vor dem PC sitze und schreibe, wie jetzt, tue ich dies nicht mit der Absicht, anderen Menschen zu helfen. Ich tue es nicht einmal für mich selbst. **Ich tue es, weil ich so funktioniere.** Ich bin eins mit mir, wenn ich schreibe, oder noch besser: Wenn ich schreibe, gibt es keine Distanz zwischen dem, was ich bin, und dem, was ich tue.

Es schreibt sich. Ohne Sinn, ohne Zweck, ohne Ziel. Und wenn es fertig ist, taucht das Verlangen auf, es andere lesen zu lassen. Wiederum weiß ich nicht, warum es auftaucht. Ich weiß nur, dass es auftaucht. Und ich gebe ihm nach.

Wie eine Fliege fliegt, schreibe ich, lasse andere daran teilhaben, rede, lasse andere zuhören - meistens handelt es sich um ein und dasselbe nutzlose Thema: Sei einfach das, was du bist!

Wir sind nichts Besonderes. Niemand dient einem besonderen Zweck. Nicht einmal der Papst. Ich könnte mich jedes Mal kringeln vor Lachen, wenn ich im Fernsehen sehe, wie Abertausende Menschen einen alten Mann mit skurrilen Ideen verehren, der in seinem Gewand einem Weihnachtsmann ähnelt. Das ist wirklich ein kosmischer Witz. Ich bin sicher, eine Welt ohne Papst wäre um einiges besser als eine Welt ohne Fliegen. Zumindest jedoch könnte man auf den Papst ebenso verzichten wie auf die Fliegen.

Niemand von uns wird gebraucht. Unser Dasein ist sinnlos. Ebenso sinnlos wie das einer Fliege.

Deprimiert dich diese Sichtweise? Dann hast du nicht meine Sichtweise. Denn mich macht sie überaus glücklich.

Beständigen Frieden wirst du erst dann erfahren, wenn du einfach nur funktionierst. Ohne dir Gedanken darüber zu machen, welchen Zweck das erfüllt und welche Bedeutung es hat. Je länger du darüber nachdenkst, desto unzufriedener wirst du. Warum? Nun, weil du es nie herausfinden wirst. Denn was nicht vorhanden ist, kann man bekanntlich nicht finden.

Eine Zeit lang magst du glauben können, den Sinn deines Lebens gefunden zu haben. Eine Zeit lang wirst du darüber auch glücklich sein können. Aber der Zeitpunkt kommt, an dem dir wiederum alles zutiefst sinnlos erscheinen wird.

Sollte dies gerade (oder irgendwann wieder) der Fall sein, schau dir mal eine Fliege an. Beobachte ihre waghalsigen Flugmanöver. Beobachte, mit welch flinken Bewegungen sie sich putzt. Beobachte, wie sie blitzartig startet, wenn eine Gefahr droht. Beobachte, wie sie ihren schnellen Flug ebenso blitzartig stoppt, um an einer Fensterscheibe zu landen. Denk daran, wie komplex dieses winzig kleine Insekt konstruiert sein muss, um solche immensen Fähigkeiten zu haben. Dann frage dich: Wozu existiert sie?

Wozu ist sie da? Was hat sich die Natur nur dabei gedacht? Die Antwort auf diese Fragen mag dir wichtig erscheinen, der Fliege ist sie völlig egal. Sie ist einfach das, was sie ist!

Was denkt sich ein Künstler beim Malen eines Bildes? Wenn er ein begnadeter Maler ist, hat er dabei nicht Berühmtheit, Anerkennung oder den finanziellen Aspekt im Auge. Ein begnadeter Maler, ein echter, authentischer Maler malt einfach. Punkt. Er ist eins mit dem Malen, ja er ist das Malen. Man könnte auch sagen: Der Sinn seines Malens ist das Malen selbst. Ist das Bild fertig, wird er sich daran erfreuen, und wahrscheinlich werden sich auch andere Menschen dafür begeistern. Vielleicht wird ihm sogar Ruhm, Anerkennung und Reichtum zuteil. Sei aber sicher, nach einiger Zeit wird er ein neues Bild schaffen. Und dieses Schaffen wird ihm mehr bedeuten als all sein Ruhm. Er würde sicher auch malen, wenn er arm wie eine Kirchenmaus wäre und wenn sich absolut niemand für seine Werke interessieren würde.

Es ist das Schaffen an sich, das uns zutiefst befriedigt. Fragst du nach dem Sinn deines Schaffens, bist du sofort raus aus deiner angeborenen Funktion. Sei wie die Fliege! Mach einfach deinen Job! Tu das Offensichtliche! Sei, was du bist, und akzeptiere dich vollständig in dem, was jeweils ist! Das hat zwar keinen "höheren Sinn", ist aber zutiefst befriedigend.

Warum nur bin ich auf dieser Welt? Was ist meine Aufgabe? Wie kann ich mich nur am sinnvollsten einsetzen? Wie werde ich glücklich? Wie mache ich andere glücklich? Törichte Fragen! Denn sie können nicht beantwortet werden. Ich habe sie mir lange genug gestellt, um das mit voller Überzeugung sagen zu können.

Du bist eine spezifische Lebensform unzerstörbaren Seins. Ebenso wie die Fliege. **Genau so, wie du jetzt bist, bist du perfekt!** Vergleiche dich nicht mit anderen Menschen, die dir womöglich perfekt erscheinen, besser zumindest, als du dir erscheinst. Vergleiche dich vielmehr mit einer Fliege. Was gibt es an ihr auszusetzen? Erscheint sie dir als zu klein geraten? Hältst du sie für einen lästigen Störenfried? Oder für einen potenziellen Überträger von Viren und Bakterien? Erscheint sie dir vollkommen nutzlos? Oder wie mir als höchst komplex und eines der vielen Wunder der Natur? Deine Bewertung mag dir richtig erscheinen, doch das hat keinerlei Relevanz für die Fliege. Sie ist einfach nur das, was sie ist: eine hochkomplexe, spezifische, jedoch gleichzeitig vollkommen sinnlose Lebensform unzerstörbaren Seins.

Fliegen werden geboren und sterben. Zwischen ihrer Geburt und dem Tod fliegen sie in der Gegend herum. Egal, ob dich das stört oder nicht.

Wenn du einfach nur funktionierst, ohne dir über das Warum und Wozu Gedanken zu machen, ist es dir relativ egal, ob du manchmal zum bösen Wolf wirst oder immer geduldig sein kannst wie ein Lamm. Es spielt für dich auch keine große Rolle, ob sich Melancholie einstellt oder Ekstase. Ich nehme alles so, wie es kommt. Was andere über mein Verhalten denken, ob sie mich als Störenfried oder Wohltäter wahrnehmen, als arrogant oder als tolerant, als Narr oder Weisen, hat für mich keinerlei Relevanz. Denn ich bin wie eine Fliege. Ob ich jemandem auf der Nase herumtanze oder distanziert in einer unbeobachteten Ecke herumsitze, ist mir egal. Da, wo ich gerade ankomme, ist mein jeweils gegenwärtiger Standort, von dem ich mich erst wegbewege, wenn mir danach ist oder wenn man mich wegjagt.

Sei wie eine Fliege, das heißt: Sei einfach das, was du bist, tu, was jeweils zu tun ist, und leg eine Pause ein, wenn du sie brauchst – zusammengefasst: **Tu das Offensichtliche**, dann werden alle Fragen nach dem Warum und Wozu verschwinden. Und du wirst, obgleich das, was du tust oder nicht tust, gleichermaßen sinnlos ist, dein Leben genießen. Wie nie zuvor!

Die Illusion: Spiritualität führt zur Erleuchtung

"Waaaas – du liest die Bildzeitung?" Peter, mein Besucher, sah mich an, als stünde er unter Schock! Ich sah auf und fragte verwundert: "Warum denn nicht?" "Na ja", er kratzte sich verlegen am Kinn, "gerade eben erzähltest du mir, dass du stundenlang dasitzen kannst, ohne etwas zu tun, weil du eine Stille ohnegleichen genießt. Wie passt das zusammen?"

Ich faltete die Zeitung sorgsam zusammen und legte sie beiseite. "Hm, darüber habe ich mir noch nie Gedanken gemacht. Ehrlich gesagt sehe ich überhaupt keinen Unterschied zwischen dem Lesen der Bildzeitung und dem bewussten Genuss jener Stille, die immer da ist, egal was ich mache."

"Ich würde so ein Revolverblatt niemals lesen", sagte Peter mit einer verächtlichen Geste, "was bringt dir das denn? Ich meine, was kann einem wie dir das denn schon bringen?"

"Hm, tja, was bringt es mir? Ich finde es manchmal amüsant, für mich ist die Bildzeitung so eine Art Comic für Erwachsene, wenn du verstehst, was ich meine."

"Amüsant?" Er sprach das Wort aus, als hätte er in eine saure Zitrone gebissen. "All diesen ... diesen Mist ... diese Horrormeldungen ... diese ganz bewusst die niedersten Triebe des Menschen ansprechende Lektüre findest du amüsant? Das ist mir ehrlich gesagt völlig unverständlich."

"Und warum?"

"Weil ich es NUR abstoßend finde. Wie kannst du deinen Geist nur mit so einer gequirlten Scheiße verunreinigen? Mir wird dabei schlecht."

"Oh, ich verstehe. Welche Zeitung liest du?"

"Also, wenn überhaupt, dann lese ich die Frankfurter Allgemeine oder ein Magazin. Am liebsten den Spiegel."

Ich grinste. "Und da steht was anderes drin?"

"Na, aber hallo. Das ist doch ein ganz anderes Niveau!"

"Das stimmt, gerade aus diesem Grund lese ich ja die Bildzeitung. Nur selten kommt bei mir der Wunsch nach niveauvoller Berichterstattung auf. Diese seichten Geschichten sind mir wesentlich lieber."

Er sah mich misstrauisch an. "Sag mal, das meinst du doch nicht ernst? Du führst doch etwas im Schilde?"

Ich zuckte die Schultern. "Aber nein, ganz und gar nicht."

Er war völlig perplex. Vor etwa einer halben Stunde hatte ich mich mit ihm über die Entdeckung seiner wahren

Natur unterhalten. Und er hatte mir dabei andächtig gelauscht. Sein Bild über mich schien völlig aus den Fugen geraten zu sein. Wie kann jemand, der gerade noch behauptet, am Ende seiner spirituellen Suche angekommen zu sein, die Bildzeitung lesen und sie sogar noch amüsant finden? Diese Frage stand ihm ins Gesicht geschrieben.

“Siehst du, genau das ist es, was ich dir vorhin klarzumachen versuchte. Die Entdeckung unserer wahren Natur hat nichts mit einem bestimmten Verhalten zu tun. Einer, der desillusioniert ist – wie kann der noch die Bildzeitung lesen? Wie sollte er noch einen Krimi spannend finden? Wie könnte er rauchen? Wie könnte er noch Gefallen finden an ‘weltlichen’ Dingen? Wie ist es möglich, dass er noch über einen zweideutigen Witz lacht?

Aber lass mich dir sagen: Unser gesamtes Leben ist ein kosmischer Witz. Daher ist es völlig egal, was ich lese. Die Frankfurter Allgemeine bedient sich einer niveauvollen Sprache, und doch steht auch in ihr lauter Quatsch drin. Alles Geschichten, die für mich letztlich nicht relevant sind, weil sie lediglich zu meinem Wachtraum gehören. Selbst meine Wohnung und dass ich hier mit dir sitze gehört zu dem Traum. Selbst unser Gespräch jetzt. Das alles ist ein einziger Witz. Denk doch mal darüber nach: Wir beide unterhalten uns so, als müsstest du etwas finden, was ich bereits fand, obwohl wir beide nur träumen, dass es einen Suchenden gibt und einen, der fand. Ist das nicht ein Witz?”

“Als Witz bezeichnest du unser Gespräch? Warum führst du es dann überhaupt?”

“Aus demselben Grund, aus dem ich die Bildzeitung las.”

“Aus demselben Grund? Wie muss ich das verstehen?”

“Alles, was sich ereignet, ereignet sich einfach. Es spielt für mich keine entscheidende Rolle, was sich ereignet. Ich lese diese Zeitung mit nahezu demselben Interesse, mit dem ich mit dir über die Entdeckung deines natürlichen Zustands spreche. Ich habe keine Präferenzen, verstehst du? Ob ich auf der Couch sitze und meditiere oder mir im Fernsehen einen Krimi ansehe, ob ich vor dem PC sitze und schreibe oder den Müllbeutel nach unten bringe, ist für mich letztlich nicht von Bedeutung.”

“Willst du damit sagen, dass du alles gleich gerne machst?”

“Wenn du die Frage so stellst, kann ich sie nicht mit Ja beantworten. Mein Ego sieht sich lieber einen spannenden Film an, anstatt beispielsweise Geschirr abzuspülen. Aber ich bin nicht mein Ego. Mein Ego ist ebenso eine Erscheinung wie jedes andere Objekt in dieser Traumwelt. Mein Ego hat natürlich wie jeder andere Mensch Präferenzen. Es zieht sich beispielsweise manchmal lieber die seichte Bildzeitung rein, als den niveauvollen Spiegel zu lesen. Es spricht begeisterter über spirituelle Themen als über das Wetter. Aber ich sprach nicht von meinem Ego, sondern von mir.”

"Und wer bist du?"

"Dasselbe wie du!"

"Und wer bin ich?"

"Das habe ich dir vorhin, bei unserem Gespräch auf der Couch, schon gesagt: Du kannst es dir nur selbst beantworten. Alles was ich darüber sagen würde, könnte im besten Fall zu weiteren Missverständnissen führen."

"Wenn ich dich recht verstehe, meinst du unser höheres Selbst."

Unwillkürlich musste ich lachen. "Siehst du, da haben wir schon eines dieser Missverständnisse."

"Was meinst du denn dann?"

"Egal, wie ich es nennen würde, es würde in jedem Fall zu Missverständnissen führen. Du kannst letztlich nur herausfinden, was du nicht bist. Und wenn dir das erst mal klar ist, ist auch klar, was du bist."

"Mir ist klar, dass sich mein Ego von meinem höheren Selbst unterscheidet. Das ist ja der Grund, weshalb ich mich nicht mit minderwertigen Dingen füttere."

"Und das würde geschehen, wenn du die Bildzeitung liest?"

"Ja, zumindest empfinde ich das so. Ich vermeide alles, was mein Ego zu stärken vermag."

"Und das hilft dir, dein höheres Selbst zu erkennen?"

"Nun, ich denke schon ..."

"Ich fragte nicht, was du denkst, sondern ob es dir wirklich hilft. Oder anders gefragt: Hast du denn dein höheres Selbst schon erkannt? Bist du eins mit ihm?" Er überlegte und sah dabei zur Decke. "Wenn ich meditiere, habe ich manchmal das Gefühl, mit ihm verbunden zu sein. Allerdings kommt das bisher relativ selten vor. Außerdem kann ich diesen Zustand im Alltag noch nicht lange halten."

"Peter, *du* wirst ihn nie halten können."

"Oh doch, das glaube ich schon", erwiderte er leicht verärgert, "ich brauche einfach mehr Übung."

"Wie lange meditierst du denn schon", wollte ich wissen.

"Hm ... etwa sechs Jahre."

"Und haben sich denn die Zeiten, in denen du diesen Zustand der Verbundenheit halten kannst, seitdem verlängert?"

Er machte ein bestürztes Gesicht. "Nein, das kann ich leider nicht sagen. Ich meditiere zwar länger und öfter als früher, aber danach ...", er stockte, "danach ist eigentlich immer alles beim Alten."

"Du kannst üben bis zum Sankt Nimmerleinstag", sagte ich lachend und nahm ihn dabei freundschaftlich beim Arm, "doch dieser Zustand wird immer wieder vergehen."

"Ich verstehe nicht", sagte er, und seine Verärgerung war ihm nun deutlich vom Gesicht abzulesen, "sagtest du nicht vorhin, du würdest jene Stille immer genießen, ganz egal, was passiert? Weshalb meinst du denn, ich könnte diesen Zustand nicht erreichen?"

"Weil er nicht erreicht werden kann!"

"Aber du hast ihn doch auch erreicht!"

"Nein, habe ich nicht!"

"Hast du nicht? Das verstehe, wer will!"

"Schließlich lese ich noch immer die Bildzeitung. Wie sollte ich also diesen Zustand, den du anstrebst, erreicht haben können?"

Ich musste ihn jetzt noch ein wenig mehr verwirren. Denn es geht letztlich nicht ums Verstehen. Es geht vielmehr darum, dass der Verstand für einen kurzen Moment zum Stillstand gebracht wird. Denn nur in solchen Momenten kann die innere Weisheit zu uns sprechen. Ich kann niemanden überzeugen und habe auch kein Interesse daran.

Peter sah mich verständnislos an. Genau das, was ich beabsichtigt hatte.

"Jeder Zustand, in dem du dich dem Göttlichen näher fühlst, muss vergehen. Wie alles vergeht - das Gefühl, mit deinem höheren Selbst verbunden zu sein, ebenso wie das profane Lesen der Bildzeitung oder meinetwegen auch des Spiegels. Was kommt und geht, vollzieht sich in der Welt der Objekte. Selbst die höchste Gipfelerfahrung ist ein Objekt, sonst könnte sie unmöglich wieder vergehen. Entstehen und Vergehen ist das Wesen der Zeit. Was ewig ist, können wir in der Zeit nicht erfahren. Es kann nicht erreicht werden, es erreicht vielmehr dich. Du kommst nicht dahin, es kommt vielmehr zu dir. Es übernimmt dich. Verschluckt dich. Saugt dich auf. Und selbst das ist nicht korrekt formuliert, weil es den Eindruck erweckt, als würde etwas passieren. In Wahrheit ist es jedoch umgekehrt: Erst wenn nichts mehr passiert, nimmst du wahr, dass alles, was passiert und passieren kann, nicht du bist. Dann ist deine Suche zu Ende, und Stille erscheint. Daher ist es mir egal, was passiert. Denn ich bin in keinem Fall das, was passiert – ob ich die Bildzeitung lese, meditiere oder mit dir über die Entdeckung deiner wahren Natur spreche."

"Aber ist das nicht ein Widerspruch? Einerseits sagst du: Ich bin nicht, was passiert. Andererseits sagst du: Ob *ich* meditiere oder die Bildzeitung lese ..."

"Nun, das ist nur ein sprachliches Problem. Du hast aber recht. Eigentlich müsste ich es so formulieren: Ob ich Werner meditierend, über die Entdeckung der wahren Natur sprechend oder Bildzeitung lesend wahrnehme, bin ich in keinem Fall das, was passiert. Wenn ich aber ständig in der dritten Person sprechen würde, würde sich das doch ziemlich idiotisch anhören, oder nicht?"

"Jetzt verstehe ich, was du meinst. Du bist nicht der Körper, sondern hast einen Körper. Du bist nicht deine Gedanken, Gedanken ziehen nur vorbei wie die Wolken am Himmel. Das ist übrigens eine meiner Übungen während der Meditation."

"Warum übst du das?"

"Um eines Tages dahin zu kommen ..." Er stockte.

"Wohin zu kommen?"

Er sagte immer noch nichts.

Ich drängte ihn zu einer spontanen Antwort: "Peter, wohin zu kommen?"

"Dahin zu kommen, tatsächlich nicht der Körper, nicht meine Gedanken zu sein."

"Peter, was du sagst, klingt genauso, als würdest du sagen: Ich übe mich darin, mich in dem Raum zu befinden, in dem ich mich befinde."

"Ich verstehe schon, was du meinst. Ich hatte es nur falsch formuliert."

"Nein, nein, du hast es genauso formuliert, wie du es empfindest."

"Stimmt schon, aber mir fehlt einfach noch der Glaube, nicht der Körper zu sein."

"Nein, dir fehlt nicht der Glaube. Das hat überhaupt nichts mit Glauben zu tun."

"Gut, wieder falsch formuliert. Besser ist: Ich sehe es einfach noch nicht. Mein drittes Auge ist noch nicht geöffnet."

"Und es wird sich nie öffnen!"

"Also da bin ich nun vollkommen anderer Meinung ..."

"Peter, solange du auf etwas wartest, den Glauben, das geöffnete dritte Auge, egal was es ist, bewegst du dich im Modus der Zeit. Und im Zeitmodus, ich sag es noch einmal, wirst du dich, ja, musst du dich zwangsläufig immer, immer auf der Suche befinden. No way out!"

Er sah wieder bestürzt aus. “Und was kann ich dann tun?”

“Nichts. Du kannst nichts tun, und zwar einfach deshalb, **weil es nichts zu tun gibt.** Und je schneller du an den Punkt kommst, an dem du das einsiehst, desto größer ist die Chance, dass dich die Wahrheit erfasst. **Es gibt nichts zu erreichen.** Das Gegenteil ist der Fall: All deine Versuche, etwas zu erreichen, müssen irgendwann scheitern. Nur für Gescheiterte geht die Suche zu Ende.”

“Das hört sich ja nicht gerade hoffnungsvoll an!”

“Würde es sich hoffnungsvoll anhören, Peter, könnte es nicht zum Scheitern führen. Ich kann dir abertausend Mal sagen: Gib deine Übungen auf, denn du bist schon am Ziel. Du wirst es erst tun, wenn du einsiehst, dass sie nicht zum erwünschten Ziel führen können.”

“Du kannst mir also keine Methode empfehlen?”

“Im Gegenteil, ich kann dir sogar sehr wirkungsvolle Methoden empfehlen, doch sie alle können nur dazu führen, die Vorstellung auszuradieren, du müsstest oder könntest irgendetwas tun, um in einen optimalen Zustand zu gelangen. Sobald diese Vorstellung ausradiert ist, erscheint deine wahre Natur. Daher ist das Scheitern in Wirklichkeit eine Gnade, denn nichts sonst beendet deine rastlose Suche.”

Die Illusion: Stille ist Geräuschlosigkeit

Frieden ist nur *ein* Begriff für unsere wahre Natur. Deswegen sagt Paulus, der vor über 2000 Jahren auf sie aufmerksam wurde: "Frieden, der höher ist als alle Vernunft." (Phil. 4:7) Man könnte auch sagen: ein "unvernünftiger" Frieden oder ein "unverständlicher" Frieden. Ein Frieden also, den die Vernunft weder begreifen noch jemals erreichen kann. Den du auch durch keine Willensanstrengung oder Methode erlangen kannst.

Einige sagen auch "Stille" dazu. Aber auch dieser Begriff kann nur andeutungsweise aufzeigen, was gemeint ist.

Ich möchte hier den Begriff Stille benutzen, weil er mir in diesem Kontext nützlich erscheint. Denk aber bitte daran, dass er wie Frieden nur ein Begriff ist. Es ist nicht die Realität. Es ist nur der Versuch einer Beschreibung für etwas Unbeschreibbares.

Frieden oder Stille kann man durch nichts erreichen. Vollkommen egal, wie still es um dich herum wird – an einem einsamen See in den Wäldern Kanadas, in einer Kathedrale, einem Stille-Retreat, einem Kloster, in dir selbst durch Meditation –, der Frieden, von dem ich hier spreche, hat damit überhaupt nichts, ich meine wirklich **nicht das Geringste** zu tun. Die Stille, über die ich hier schreibe, ist nämlich viel mehr als nur "Geräuschlosigkeit".

In gewisser Hinsicht bin ich heute dankbar dafür, dass in meinen Ohren der Tinnitus klingelt. Unter Tinnitus verstehen die Mediziner ein Ohrgeräusch, das in vielen Fällen ein Leben lang nie mehr von einem weicht. An manchen Tagen ist es bei mir so laut, dass ich es selbst dann noch höre, wenn ich auf meiner Joggingstrecke direkt neben einem donnernden Güterzug herlaufe.

Nun wirst du dich vielleicht fragen, wie verrückt man sein muss, um für so ein penetrantes Ohrgeräusch, das für manche Leidenden zum Anlass wurde, sich zu entleiben, dankbar zu sein? Der Grund: Das Ohrgeräusch zeigt überaus deutlich, was Stille ist. Ich kann, wenn ich will, stundenlang, ohne etwas zu tun, ohne Kommunikation und sonstige Klänge, beispielsweise Musik, die das Ohrgeräusch bis zu einem gewissen Grad überdecken, einfach dasitzen und Stille genießen. Besser noch: **Stille sein.** Trotz Pfeifen und Klingeln im Ohr.

Du wirst fragen: "Wie ist es möglich, Stille zu genießen, während es in deinem Ohr pfeift und klingelt? Für mich klingt das völlig absurd!"

Früher war das ganz anders. Über viele Jahre litt ich unter dem Ohrgeräusch schlimmer als ein getretener

Hund. Konnte nicht einschlafen, wachte viel zu früh auf, verging manchmal in Selbstmitleid. Wie andere meiner "Leidensgenossen" dachte ich sogar an Entleibung, wenn ich unter besonders starkem Stress stand.

Was also ist das für eine Stille, die selbst von so penetranten und kontinuierlichen Geräuschen wie Tinnitus nicht gestört und schon gar nicht zerstört werden kann?

Stille ist wie gesagt nur ein Begriff, der die Realität dessen, was sich hinter ihm verbirgt, nur annähernd beschreiben kann. Die Realität ist weit mehr als nur Stille. Es ist ein raumloser Raum, in dem alles - auch Tinnitus - stattfinden kann, ohne den Raum jemals zu füllen.

Wenn jemand behauptet, Stille zu sein, stellt man sich einen leisen, zurückhaltenden Menschen vor. Aber auch das ist eine abwegige Vorstellung. Wenn ich zum Beispiel einen Vortrag halte, bin ich kein Lamm, sondern eher ein Löwe. Dennoch spreche ich aus der Stille. Tief in mir ist nicht die geringste Bewegung. Keine Begeisterung. Kein Enthusiasmus. Kein Temperament. Viel eher - Gleichgültigkeit. Wenn mir jemand kurz vor Vortragsbeginn sagen würde, niemand sei gekommen, um mir zuzuhören, würde mich das weder beeindrucken noch enttäuschen. In gewisser Weise wäre es mir sogar recht. Denn nur dieser raumlose Raum - die Stille - ist meine Heimat. Das, was ich wirklich bin. Das, was du wirklich bist.

Stille wird nicht erfahren, solange man nicht Stille ist. Besser noch: Stille wird überhaupt nicht erfahren.

Entweder man ist sie oder man ist sie nicht, denn in Wahrheit ist Stille lediglich ein anderer Begriff für unsere wahre Natur, die sich niemals wandelt, ob es nun laut oder still ist.

Stille ist unser aller wahres Sein. Wenn aber der raumlose Raum sich noch nicht als raumloser Raum entdeckt hat, wird das Ego sich als Subjekt und außerhalb von sich nur Objekte wahrnehmen, und diese Sicht hält es fälschlicherweise für die Realität. Das Ego kann auch temporär Stille oder Frieden als eines unter vielen Objekten wahrnehmen. Wahre Stille ist aber kein Objekt unter anderen Objekten, das kommt und geht. Stille, die kommt und geht, ist wie das Ego nur eines von vielen Objekten im raumlosen Raum.

Heute, in dieser hektischen Zeit, suchen verständlicherweise nicht wenige Menschen nach Stille. Und einige spirituell Suchende besuchen sogenannte Stille-Retreats, um in sich selbst Stille zu finden. Dagegen spricht nichts, doch Stille lässt sich weder dort noch anderswo finden. All deine sporadischen Stille-Erfahrungen lenken dich nur ab von der Stille, die bereits da ist.

Es ist mit dieser Suche ganz ähnlich wie mit einem Erlebnis, das mir kürzlich ein guter Bekannter erzählte. Während eines Waldspaziergangs sehnte er sich danach, wieder einmal nach Japan zu reisen, weil er mit diesem Land viele schöne Erlebnisse verbindet. Er setzte sich in tiefer Melancholie an das Ufer eines Baches, und nach einer Weile wurde ihm plötzlich bewusst, wie schön es da war. Die Sonne schien von einem wolkenlosen Himmel herab, einige quakende Enten und schneeweiße Schwäne mit ihren stolz emporgereckten Hälsen schwammen vorbei, das Wasser plätscherte sorglos dahin, die Bäume rauschten, hohes Schilf wiegte sich leicht im Wind. Und plötzlich fühlte er sich ebenso glücklich, als wäre er in seinem Wunschland. Einfach, weil seine Aufmerksamkeit nicht mehr da war, wonach er sich sehnte, sondern dort, wo er sich gerade befand.

Ich kann dir nicht empfehlen, nach der Stille zu suchen. Ich kann dir noch nicht einmal empfehlen, im Inneren aufmerksam auf Stille zu achten, weil selbst das eine Ablenkung von der Stille ist, die immer schon da ist. Denn du bist bereits Stille und kannst niemals etwas anderes sein. Solange du jedoch nach ihr suchst, solange du dich nach ihr sehnst, solange du meinst, Stille nur dann erfahren zu können, wenn du meditierst oder an einem Stille-Retreat teilnimmst, solange du sie also von bestimmten Bedingungen abhängig machst, ist es der Beweis dafür, dass sie dich noch nicht fand.

Deine wahre Natur - und nur sie ist jene Stille - wird nicht gefunden. Sie wird - und das mag dich angesichts des Untertitels dieses Buches erschüttern - noch nicht einmal "entdeckt". Sie wird - wenn man es genau nimmt, obwohl ich es mangels eines besseren Ausdrucks manchmal so formuliert habe - noch nicht einmal "wahrgenommen".

Sie versteckt sich, solange es dich, den Sucher nach Stille, noch gibt. Erst wenn der Stillesucher verschwindet, erscheint sie und weicht von da an nie mehr irgendeinem Geräusch. Selbst im chaotischen Straßenverkehr von Bombay, in dem die Autofahrer nur einmal hupen, nämlich vierundzwanzig Stunden am Tag, war dieselbe Stille vorhanden wie hier im vergleichsweise ruhigen Deutschland.

Fragst du jetzt wieder: “Und wie kann **ich** dahin kommen?”, antworte ich: Stell dir nur diese Frage! Stell sie dir immer und immer wieder! Stell sie dir so oft wie nur möglich! Denk aber nicht, sie würde jemals beantwortet werden. Sie kann nur eines: den Frager, den Sucher nach Stille **auflösen**. Dann erscheint Stille, die du schon bist. Irreversibel. Und zwar deshalb, weil niemand mehr da ist, der sich um Stille bemüht.

Teil III

Objektlos lieben: Ein Konzept, das "nirgendwo" hinführt

"Wenn bhakti, die Liebe zu mir, eine gewisse Intensität erreicht, dann gebe ich die Kraft der Empfänglichkeit – jnana. Wenn die Hingabe eine gewisse Intensität erreicht, dann gebe ich der Person die nötige Offenbarung, das Wissen zu empfangen."

Krishna in der Bhagavadgita

Um das höchst positive Werk der Desillusionierung zu unterstützen, empfehle ich die Übung "Objektlos lieben". Der Grund: So wichtig die Erkenntnis auch ist, dass sich unsere wahre Natur lediglich hinter Schleiern verbirgt - in den meisten Fällen bedarf es eines Konzepts, einer Übung, um die irrationale Vorstellung "loswerden" zu können, dass zur Wahrnehmung unserer wahren Natur irgendeine innere oder äußere Veränderung notwendig sei.

Das simpelste Konzept, um diese Vorstellung als Illusion zu entlarven und damit auszuradieren, besteht in der Übung, das, was jeweils ist, vollständig zu akzeptieren, zu lieben. Dies führt nicht nur zur, dies **ist** im Grunde schon Desillusionierung! Denn nur, weil unser Verstand uns aufgrund seiner Konditionierung ständig vormacht, wir wären noch nicht da angekommen, wo wir sein sollten, wir müssten uns zunächst noch verändern, um uns schließlich in einem optimalen Zustand wiederzufinden, ist zumeist eine Übung nötig, die dieses hartnäckige Denk- und Verhaltensmuster vollständig von unserer mentalen Festplatte löschen kann. Ist das nämlich geschehen, bleibt von diesem Eindruck nichts anderes mehr übrig als die vage Erinnerung an eine Zeit, in der uns dieses falsche Empfinden zu betrügen und uns die Gegenwart immer wieder zu vermiesen vermochte.

Objektlos lieben, das ist keine anstrengende Arbeit und keine Mühe, es ist zumeist ein Genuss. Die Übung sollte jedoch in den Alltag integriert werden, weil sie sonst ihre desillusionierende Wirkung nicht entfalten kann. Niemand kann und muss dir sagen, ab wann die Übung nicht mehr nötig ist. Nur so viel dazu: Wenn niemand mehr da ist, der nach einem anderen, besseren oder besonderen Seinszustand sucht, ist auch niemand mehr da, der ein Konzept oder eine Übung braucht.

Solltest du dich von meinem Konzept angezogen fühlen und es anwenden wollen, könnten die sieben nachfolgenden Empfehlungen hilfreich für dich sein. Übrigens werden auch die, die meine ersten beiden Bücher schon kennen, darin einige neue Aspekte und Übungen finden.

Betrachte die Empfehlungen jedoch nicht als Pflichtübungen. Sie umzusetzen stellt **keinerlei Bedingung** dar, um "ans Ziel" zu gelangen. Lass es mich dir in diesem Kontext noch einmal in Erinnerung rufen: Die Anwendung meines Konzepts bringt dich **nirgendwohin.** Es eignet sich lediglich dazu, die falsche Annahme zu löschen, irgendwo ankommen zu müssen, wo du jetzt noch nicht bist.

Empfehlung 1:
Ein "inneres Audiotape" implementieren

Mach's dir bequem, schließe die Augen und denke an etwas, das du von Herzen liebst. Es spielt keine Rolle, ob der Gegenstand deiner Liebe real ist oder nur in deiner Fantasie existiert. Es spielt auch keine Rolle, ob es sich dabei um eine schöne Landschaft, einen lieben Menschen, dein Lieblingstier oder eine angenehme Situation handelt. Wichtig ist nur, dass der Gegenstand deiner Liebe nicht gleichzeitig negative oder gar schmerzliche Assoziationen auslösen kann. Das wäre zum Beispiel der Fall, wenn du an einen Menschen denkst, den du zwar liebst, der dich aber enttäuscht hat.

Mit dem Gegenstand deiner Liebe wird eine bestimmte Vorstellung einhergehen. Wenn du spürst, dass diese Vorstellung in deinem Herzen ein Gefühl der Liebe erzeugt hat, selbst wenn es ganz zart ist, fokussiere nur dieses Gefühl und lass die Vorstellung, durch die es entstand, in den Hintergrund treten, bis sie schließlich verblasst und sich auflöst.

In diesem inneren Zustand lässt du nun zu, dass sich in deinen Gedanken ein Liebesbekenntnis formuliert. Meines lautet: "Oh, wie sehr liebe ich!" Wie du merkst, hat dieses Liebesbekenntnis kein Objekt. Das ist wichtig, denn es soll dich an die objektlose Liebe erinnern. Agape, die Liebe ohne Objekt, ist in deinem Wesenskern bereits lebendig und war niemals abwesend. Durch dein Liebesbekenntnis erzeugst du also nichts Neues. Vielmehr bringst du dich in Resonanz mit der unverursachten Liebe in dir, sodass sie sich sozusagen an sich selbst erinnert. Du kannst das Liebesbekenntnis ohne konkretes Objekt natürlich auch anders formulieren als ich. Wichtig ist nur, dass es für dich stimmig klingt.

Lass zu, dass sich dieses Liebesbekenntnis einige Minuten (oder auch länger, ganz wie du willst) in deinem Inneren langsam und gefühlvoll wiederholt. Das bedarf keiner Anstrengung. Denn schon nach einigen Wiederholungen erhält das Liebesbekenntnis aufgrund der Resonanz, die es in deinem Wesenskern erzeugt, eine Art Eigendynamik, sodass du ihm sozusagen wonnevoll "zuhören" kannst. Solltest du dabei in einen emotional sehr intensiven Zustand der Liebe geraten, ist das völlig okay. Manche meiner Workshopteilnehmer sagten danach: "Ich hatte das Gefühl, vor Liebe zu explodieren!" Ist dies jedoch nicht der Fall, spürst du also kaum etwas dabei, ist es ebenso okay. Denk dran: Es geht dabei letztlich nicht um große Gefühle!

Ich empfehle, diese Übung mindestens zweimal täglich zu praktizieren. Gleich morgens, wenn du aufwachst, und abends, kurz bevor du einschläfst, weil das Unterbewusstsein in den Phasen zwischen Wachen und Schlafen besonders aufnahmefähig ist. Nach wenigen Tagen, meistens schon nach einer Woche, wird das Liebesbekenntnis in dein Unterbewusstsein implementiert sein, sodass du es wie ein "inneres Audiotape" jederzeit während des Tages "anschalten" kannst.

Der Sinn dieser Implementierung liegt auf der Hand: Du kannst nun zu jedem Zeitpunkt mühelos in die Schwingungsfrequenz der objektlosen Liebe gelangen.

Angenommen du gerätst auf der Fahrt zu deiner Arbeitsstelle in einen Stau. Anstatt dich auf den Ärger zu konzentrieren, schaltest du dein inneres Audiotape an und nutzt die Zeit, um die Schwingung der Liebe zu steigern.

Vielleicht gerätst du in Konflikt mit einem Arbeitskollegen. Während er dir Vorhaltungen macht, schaltest du dein inneres Audiotape an. Synchron zu seinen Vorhaltungen hörst du die Stimme der Liebe in dir und kannst dadurch in hoher Schwingung bleiben.

Vielleicht bedrängen dich beim Gang durch eine Fußgängerzone alle möglichen negativen Gedanken: "Wie sieht der denn aus? Wie kann man sich nur so unvorteilhaft anziehen?" Oder: "Der läuft durch die Gegend, als gäbe es nur ihn auf der Welt. Arroganter Typ!" Oder:

"Der hätte mich jetzt fast umgerannt. Rücksichtsloser Mensch!" usw. Mein Tipp: Versuche nicht, dir die Menschen besser, schöner oder positiv zu denken! Verdränge auch nicht deine negativen Gedanken. Schau nur hin und schalte dein inneres Audiotape an. Binnen Sekunden wird sich deine Schwingung wieder "nach oben" verändern, und deine negativen Gedanken werden nach kurzer Zeit von ganz alleine verschwinden.

Nicht nur Kopfmenschen werden sich bei dem Liebesbekenntnis ohne konkretes Objekt höchstwahrscheinlich zunächst einmal ziemlich albern vorkommen. Und wenn schon! Liebende erscheinen Menschen, die nicht verliebt sind, immer etwas albern. Schau wieder mal hin, wenn du ein verliebtes Paar siehst. Mit welch verzaubertem Blick sie einander ansehen. Wie weich und entspannt ihr Gesichtsausdruck ist. Wenn du nicht wüsstest "Die sind verliebt", würde dir ihr hingebungsvolles Lächeln wahrscheinlich ziemlich dümmlich erscheinen.

Es kann ja niemand hören, wenn du dein inneres Audiotape ablaufen lässt, denn dieses Bekenntnis erklingt nur in deinem Inneren. Und es ist wichtig, dass du niemandem davon erzählst, der nicht dein absolutes Vertrauen genießt. Was wir bei dieser Übung nämlich am allerwenigsten brauchen können, sind skeptische Äußerungen und Entmutigungen von Unwissenden und Ignoranten.

Dein Bekenntnis entfaltet seine Wirkung im Unterbewusstsein durch Wiederholung. Das gilt sowohl für den

Zeitraum, in dem man es erklingen lässt, als auch für die Abstände, in denen es wiederholt wird.

Wer darin noch völlig ungeübt ist, dem empfehle ich: Such dir einen geeigneten Raum, in dem dich niemand hört (zum Beispiel dein Auto), und sprich dein Liebesbekenntnis einige Minuten lang sich stets wiederholend und möglichst gefühlvoll **laut** aus. Der Grund: Ungeübte werden bei dem gedanklichen Vorgang oftmals durch plötzlich auftauchende Gedanken gestört und abgelenkt. Tu das eine Woche lang jeden Tag morgens und abends. Danach wirst du die gleiche Wirkung erzielen, wenn es nur in deinen Gedanken erklingt, und dabei kaum einmal abgelenkt werden.

Geh aber bitte nicht wie ein pingeliger Buchhalter an die Übung heran. Wenn du die Übung am Morgen tatsächlich einmal vergessen solltest, ist das kein Beinbruch. Und sollte dir das erst um 11 Uhr einfallen, dann hol sie einfach in der Mittagspause nach.

In der Regel beginnt jedoch jetzt jeder Tag mit dem Anstellen des inneren Audiotapes am Morgen gleich nach dem Aufwachen. Und bevor du einschläfst, schaltest du es wiederum an. Du kannst es natürlich eine Viertelstunde oder auch noch länger laufen lassen. Es wird dir in keinem Fall schaden.

Diese Übung erfordert ein wenig Disziplin, klar. Aber ohne Disziplin und ein paar Grundsätze kann man im Leben selbst bei der Ausübung eines Hobbys wenig erreichen. Allerdings: Disziplin ohne Spaß ist ebenso nutzlos.

Ich jogge seit vielen Jahren regelmäßig mindestens dreimal pro Woche. Nur an wenigen Tagen kostet mich das keine Überwindung. Trotzdem macht es mir Spaß, sonst würde ich es sicher nicht tun. "Der Appetit kommt beim Essen", sagt man. Das stimmt und gilt auch für die Übung. Nach kurzer Zeit bist du süchtig danach. Es ist einfach nur schön, die Liebe in dir durch dein Liebesbekenntnis zu aktivieren und dabei zu erfahren, wie unabhängig du dadurch von äußeren Liebesbeweisen wirst.

Du kannst dich natürlich auch tagsüber jederzeit an irgendeinen Ort zurückziehen und dein inneres Audiotape anschalten. Tu es, so oft du Lust darauf hast und so oft sich die Gelegenheit bietet. Wenn du ein wenig geübt bist, geht das auch während solcher Arbeiten, die keine hohe Konzentration verlangen.

Wenn sich einmal kein besonders liebevolles Gefühl einstellen sollte, verwirf die Übung deswegen nicht. Entscheidend ist zunächst, dass sich dein Unterbewusstsein an das Liebesbekenntnis ohne Objekt gewöhnt. Positive Gefühle sind lediglich eine Art günstige Nebenwirkung der Übung. Der eigentliche Zweck ist: Sie zerstört den trügerischen Eindruck der Trennung von deiner wahren Natur. Und wenn das geschieht, werden sich Veränderungen einstellen, von denen du nicht zu träumen gewagt hast!

Ganz wichtig: Betreibe die Übung so, wie du ein Hobby betreibst - mit viel Spaß! Anstrengung bringt nichts, sie ist sogar kontraproduktiv. Hör dem inneren Audiotape einfach zu und genieße die objektlose Liebe. Wenn du möchtest, kannst du für dein Liebesbekenntnis auch eine Melodie komponieren oder einfach einen bekannten Song kopieren. Versuche nie, ein Gefühl zu erpressen. Das funktioniert ebenso wenig wie bei einem Menschen, dessen Liebe du unbedingt willst. Je mehr du darauf drängst, desto mehr wird es ihn abstoßen. Also sei locker bei dieser Übung.

Empfehlung 2: Entscheidung für eine mentale Diät

Für die Heilung mancher Krankheiten und natürlich auch für die Gewichtsabnahme bedarf es einer Nahrungsumstellung. Eine Umstellung deiner Nahrung empfehle ich auch, allerdings nicht der für deinen Körper, sondern der für deinen Geist.

Solltest du ein Newcomer sein und die Wirkung der Liebesschwingung in vollem Umfang erfahren wollen, ist es nötig, deinem Geist zunächst einmal **radikal** die Nahrung zu verweigern, die ihn, anstatt ihn zu nähren, beschwert und deinen geistigen Stoffwechsel behindert.

Meine Empfehlung hat jedoch nichts mit dem Prinzip positiven Denkens zu tun. Positives Denken unternimmt den Versuch, negative Gedanken durch positive Gedanken zu ersetzen. Anstatt zum Beispiel zu denken: "Das schaffe ich nie", ersetzt du diesen Gedanken mit: "Ich schaffe es!" Man kommt mit dieser Methode ganz schnell in einen kraftvollen Zustand, aber ebenso schnell federt man wieder in die Ausgangsstellung zurück. Der Grund:

Positives und negatives Denken befinden sich auf derselben Ebene. “Man kann ein Problem nie auf der Ebene lösen, auf der es entsteht”, sagte schon Albert Einstein.

Mentale Diät, das bedeutet: Gib der Übung **oberste Priorität** in deinem Leben. Betrachte Probleme und Schwierigkeiten, Wünsche, Sehnsüchte und Ziele von nun an als **sekundär**. Nicht, dass du deine jeweils vorhandenen Probleme nicht zu lösen oder existenziell wichtige Ziele nicht zu erreichen versuchst, aber oberste Priorität sollte von jetzt an deine Übung haben.

Darüber hinaus versuchst du, weder negative Gedanken zu unterdrücken noch sie durch positive Gedanken zu ersetzen. Wann immer dich deine Ziele und Wünsche über das normale Maß hinaus zu beschäftigen trachten, schaltest du sofort dein inneres Audiotape an. Wann immer dich negative Gedanken und Probleme runterziehen, tust du genau dasselbe. Auf diese Weise lockert sich die falsche Identifizierung mit deinem Arbeits-Ich.

Vielleicht entsteht nun die Frage: “Ist das Liebesbekenntnis nicht auch nur eine Art positiver Gedanke?” Ja, es ist zweifellos ein positiver, sogar der denkbar positivste Gedanke. Allerdings richtet sich unser Bekenntnis an die objektlose Liebe, es handelt sich bei ihr nicht um das polare Gegenstück des Hasses oder der Gleichgültigkeit. Du liebst einfach die Liebe, die Liebe, die kein Objekt braucht, um lieben zu können. Und damit erinnerst du dich an deine wahre Natur. Je länger du dich darin übst, desto unabhängiger wirst du von den wechselnden emotionalen Zuständen werden. Was immer du dann auch gerade erfährst - dunkle oder helle Gedanken, Leichtigkeit oder Beschwertheit -, nun wirst du alle Erscheinungen als objektlos liebender Zeuge wahrnehmen können.

Wenn das erst einmal der Fall ist, werden dich weder Probleme noch unerfüllte Wünsche bedrücken. Dein Arbeits-Ich kann nun endlich im vollen Energiefluss kreativ werden, weil es im Selbst zentriert ist.

Keine Frage, dass diese Zentriertheit gewaltige Auswirkungen hat. Sei sicher: Dein Erlebniskosmos wird sich ohne dein direktes Eingreifen harmonisieren.

Empfehlung 3:
Die innere Festplatte konfigurieren

Setz dich an einen Ort, wo du ungestört bist, nimm ein leeres Blatt Papier und schreibe spontan alles auf, was du in deinem Erlebniskosmos von Herzen liebst. Mach es aus dem Bauch heraus, schreibe also nur das auf, was dir gerade so einfällt, die Liste muss nicht vollständig sein.

Bekenne anschließend allem, was darauf steht - Menschen, Tieren, Situationen, Emotionen, Dingen -, ganz bewusst deine Liebe. Anschließend schreibst du ebenso spontan auf ein anderes leeres Blatt Papier, was du in deinem Erlebniskosmos nicht liebst. Auch hierbei spielt es keine Rolle, ob es sich dabei um Personen, Tiere, Situationen, Emotionen oder Gegenstände handelt. Wenn du mit dieser Auflistung fertig bist, bekennst du allem, was auf der Liste steht, deine Liebe. Steht beispielsweise "Nachbar" darauf, versuchst du es zunächst mit dem Bekenntnis: "Mein Nachbar, ich liebe dich!" Wenn sich dir dabei jedoch die Nackenhaare aufstellen sollten, modifizierst du dein Liebesbekenntnis folgendermaßen: "Ich liebe mich dafür, dass ich dich (meinen Nachbarn) nicht lieben kann."

Sprich dein Liebesbekenntnis so aus, als wären die Personen anwesend. Gegenstände oder Situationen werden ebenfalls so angesprochen, als handelte es sich um Personen.

Achte auch bei dieser Übung nicht allzu sehr auf deine Gefühle. Denn Gefühle folgen automatisch deiner mentalen Aufmerksamkeit. Wenn du gute Gefühle hast, dann mach ein gefühlvolles Liebesbekenntnis. Wenn sich keine guten Gefühle einstellen sollten, dann bekenne es eben gefühllos. Es ist möglich, dass du zu Beginn dieser Übung überhaupt keine Liebe verspürst. Wenn deine Liebesfähigkeit "verschüttet" oder "eingekerkert" ist, dauert es eine gewisse Zeit, bis sie spürbar wird.

Es geht bei dieser Übung um die Konfiguration deiner inneren Festplatte beziehungsweise um die Neukonditionierung deines emotionalen Gehirns. Wenn es erst einmal daran gewöhnt ist, in allem zu lieben, wird dein Alltagsbewusstsein in der Liebe zentriert und stabilisiert.

Verwahre die Blätter an einem sicheren Ort und mach diese Übung immer wieder einmal. Nimm dabei wahr, ob sich und wie sich deine Einstellung gegenüber manchen Personen oder Situationen verändert. Du wirst sicher bemerken, dass es dir bei wiederholter Übung immer weniger schwerfallen wird, auch das zu lieben, bei dem du zuvor nur über die Formulierung "Ich liebe mich dafür, dass ich das nicht lieben kann" in der Schwingung der Liebe bleiben konntest.

Irgendwann wirst du sicherlich fähig sein, einstmals "verhasste" Personen nicht nur zu lieben, sondern ihnen sogar Liebe zu senden. Das heißt: Du bekennst ihnen dann nicht nur deine Liebe, sondern sagst: "Was immer du auch über mich denken magst, ich sende dir meine Liebe." Das ist eine sehr starke Übung, die nicht nur dein eigenes Herz, sondern auch das Herz des Empfängers berühren kann.

Es wird aber auch Objekte auf diesem Blatt geben, die du weiterhin nicht magst, ja sogar hasst. Zwinge dich niemals dazu, sie zu lieben, denn mein Konzept sieht nicht vor, zu einem religiös motivierten Jünger der Liebe zu werden. Ich halte es hierbei mit Friedrich Nietzsche und zitiere aus seinem Buch *Der Antichrist*: "Man wird zum Christentum nicht bekehrt - man muss krank genug dazu sein ..." Ein gesunder, intakter Mensch kann ebenso hassen wie lieben. Doch er wird sich in dem, was er hasst, ebenso lieben wie in dem, was er liebt. In deinem natürlichen Zustand erscheinen sowohl Liebe als auch Hass, doch in beide Gefühle wirst du als objektlos liebender Zeuge nicht mehr involviert sein.

Empfehlung 4: Gewöhnung an die Alltagsübung: Hinschauen, annehmen und lieben

Vielleicht verstehst du nun, was du üben sollst, aber wie sieht es mit der Umsetzung aus? In einigen Leserbriefen habe ich solche und ähnliche Erfahrungsberichte gelesen: "Es fällt mir immer leichter, im Augenblick zu lieben, wenn ich am Meer sitze und mich eine tiefe Dankbarkeit und Liebe durchflutet, dass ich hier sein kann. Oder wenn es so schöne Situationen mit meinem kleinen Sohn gibt, dann durchflutet mich auch das Gefühl der Liebe, ohne festhalten oder es an ihm festmachen zu wollen, das ist 'neu' für mich. Die Natur wieder wahrnehmen und auch dort die Liebe zu spüren. Meine Hunde, wenn sie in der Sonne dösen. Das sind die Momente, wo ich etwas mitnehmen kann. Allerdings im Streitgespräch mit meinem Partner, wenn der Groll hochkommt, dann schaffe ich es nicht, mich auch damit zu lieben, dann falle ich da teilweise recht tief wieder herein ..."

Diese liebenswürdige Leserin, die es sicherlich mit der Übung ernst meint, hat nicht verstanden, worum es dabei eigentlich geht. Natürlich fühlt es sich besser an, wenn du entspannt am Meer sitzt, anstatt mit deinem Partner zu streiten. Dazu bedarf es jedoch keiner Übung. **Was die Übung betrifft**, ist es vollkommen egal, in welcher Situation du dich befindest. Es spielt überhaupt keine Rolle, ob du einen tollen Job gemacht oder Mist gebaut hast. Es ist unerheblich, ob du dich angesichts deiner Gedanken und Taten armselig fühlst oder gerade eine Spende an irgendein Hilfswerk überwiesen hast. Es ist egal, ob du gerade Erfolg hast und dich stolz in die Brust wirfst oder vier Wochen Fahrverbot bekommst und voller Angst bist, weil es dich deinen Job kosten könnte.

Die Übung in objektloser Liebe ist vollkommen unabhängig von deinen Emotionen und Lebensumständen. Wenn du in schwierigen, niederdrückenden, emotional belastenden Situationen nicht lieben kannst, hast du noch nicht mal ansatzweise verstanden, wobei es bei der Methode geht. Ich muss das so knallhart formulieren, damit du klarsiehst, wo du stehst, und die notwendige Veränderung bei der Umsetzung der Methode vornehmen kannst. Denn schließlich möchtest du ja Ergebnisse sehen!

Bei dieser Übung kommen dir negative Situationen und Emotionen geradezu entgegen, weil sie dich wesentlich stärker daran erinnern, in der Schwingung der Liebe zu bleiben. Solange du gut drauf bist, brauchst du sie ja gar nicht und wirst dich nur in den wenigsten Fällen an dein Liebesbekenntnis erinnern.

"Wenn ich so richtig mies drauf bin, erinnere ich mich zwar irgendwann an die Übung, empfinde aber solch einen ungeheuren Widerstand, mich zu lieben, dass es mir scheißegal ist, wie der Kosmos auf meine schlechte Laune reagiert." Auch dieser Leser hat nicht verstanden, dass die Übung noch nicht einmal von seinem Widerstand gegen die Übung abhängig ist. Es geht immer nur darum zu lieben, was gerade da ist. Ist ein Widerstand da, der sagt: "Ach, scheiß doch auf positive Resonanz mit dem Kosmos, ich bin jetzt sauer, und ich will sauer sein!", dann liebst du dich eben genau in dieser totalen Ablehnungshaltung.

Noch einmal: Es geht eben nicht darum, von einem negativen Zustand in einen positiven Zustand überzuwechseln. Um das zu tun, könntest du eben einfach positiv denken. Nein, du lässt alles so, wie es gerade ist – **nur liebst du dich eben dafür.**

Hast du Angst, schaust du hin. Gerätst du in Rage, unterdrückst du sie nicht. Befindest du dich in einem Zustand von Traurigkeit oder Melancholie, wendest du dich auch von diesen Emotionen nicht ab. Wirst du eifersüchtig oder gar neidisch, gestehst du dir das ein. Fühlst du dich als Versager, verdrängst du dieses Gefühl nicht. Selbst depressive Phasen werden akzeptiert. Auch hinterhältige Gedanken, die in dir auftauchen, sind kein Grund wegzuschauen. Im Gegenteil: **Gerade die negativen Gedanken und Gefühle sind uns willkommen, weil sie uns zum**

einen an das Liebesbekenntnis erinnern und zum anderen unserer Liebe ganz besonders bedürfen!

Als ich einen Leser darauf aufmerksam machte, wie wichtig es sei, sich insbesondere die negativen Aspekte im eigenen Inneren genau anzusehen, ja sogar in Kontakt mit ihnen zu treten, erwiderte er: “Das ist aber gefährlich!” Zweifellos ist das nicht angenehm, aber weitaus nachteiliger ist es, sie zu negieren oder gar zu verdrängen. **Denn was verdrängt wird, kann nicht transformiert werden.** Die Liebe-Übung führt nur dann zu dem Ergebnis, das ich dir verspreche, wenn du eine Bereitschaft in dir findest, dich in allem, was in dir auftaucht, zu lieben. Also auch und gerade im Auftauchen solcher Aspekte, die alles andere als liebenswert sind. Das bedeutet jedoch nicht, dass wir sie gutheißen! Dies wäre ein völlig falsches Verständnis meines Konzepts. Um ein Beispiel zu nennen: Lügen oder Stehlen ist ein Verhalten, das man unmöglich “gut”heißen kann. Verdrängt man aber diesen ungünstigen Charakterzug, wird er sich gerade durch die Verdrängung intensivieren. Erinnere dich, wie sehr sich dein Lachdrang als Kind intensivierte, wenn du ihn beispielsweise in der Kirche unterdrücken musstest! Nach demselben Prinzip intensiviert sich jede Kraft in uns, die wir verdrängen. Könnte man sich jedoch zu lieben beginnen, würde dieser Aspekt aus dem Dunkel des Unbewussten ans Licht gebracht werden. Und das ist der erste Schritt zur Heilung und Wiederherstellung. Bleiben unsere dunklen Aspekte aber verborgen, weil wir sie aus Scham oder Stolz ignorieren, verdrängen, überspielen, nicht wahrnehmen, nicht anschauen wollen, können sie im Unbewussten ihr subversives Werk weiter fortführen.

Wundere dich nicht über einen wüsten Wutanfall im Streit mit deinem Partner, wenn du deine Aversion gegenüber seinem Verhalten monate- oder gar jahrelang aus falscher Rücksichtnahme zurückgehalten hast. Ich empfehle: Äußere deinen Ärger gegenüber dem Partner, wenn dir etwas so richtig gegen den Strich geht! Akzeptanz bedeutet nicht, jede Situation wie ein Opferlamm hinzunehmen. Akzeptanz besteht vielmehr darin, das zu akzeptieren, was da ist. Und ist Ärger da, verleihe dieser Emotion Ausdruck. Vergiss jedoch nicht, dich dabei zu lieben, sonst wirst du dich ob deines geäußerten Ärgers schuldig fühlen, und wenn das geschieht, werden negative Emotionen zu destruktiven Kräften, die ein normales Streitgespräch in ein Desaster verwandeln können. Liebst du dich aber, werden selbst Anschuldigungen und Vorwürfe deines Partners - zumindest bei dir - nicht zum Ausrasten führen. Und selbst wenn das zu Beginn der Übung noch manchmal geschieht, ist es für eure Partnerschaft weitaus vorteilhafter, als ständig mit unterdrückten Gefühlen zu leben. Solch ein angepasstes Verhalten ist vielmehr der schleichende Tod jeder Partnerschaft.

Du musst hingucken lernen, nicht wie gewohnt wegschauen. Das veranschaulicht der Brief von einer jungen

Frau, die an Neurodermitis erkrankt ist. Nachdem sie ein Buch von mir gelesen hatte und anschließend noch eine Portion Liebe über den Äther von meiner Frau und mir empfangen hatte, schrieb sie: "Zwischendurch, aus einem Gefühl heraus, welches ich nicht definieren kann, war ich so unbeschreiblich glücklich, dass ich einfach zu weinen begann. Manchmal hatte ich das Gefühl, zu schweben und/oder gar nicht mehr in meinem Körper zu sein. Kurz gesagt, es war sehr schön. Schon heute ist mein Ausschlag, der noch gestern sehr entzündet war, dabei, sich zurückzubilden. Ich habe das Gefühl, als wäre er gar nicht mehr da. Ich ignoriere ihn noch mehr als schon vorher. Ich schaue ihn, wenn ich zum Beispiel unter der Dusche stehe, nicht mehr an und denke nicht mehr: 'Ach, wie schlimm das aussieht', sondern ich sage mir: 'Ach, ich sehe heute ja richtig gut aus'."

Meine Antwort war: "Ich freu mich mit dir für die schöne Erfahrung. Nur eines solltest du nicht tun: deine Haut, wie sie im Augenblick ist, ignorieren oder sie dir schön denken. **Bitte schau sie dir genau an und liebe sie so, wie sie im Augenblick ist. Und wenn dir das schwerfällt, dann liebe dich dafür, dass es dir schwerfällt.** Es ist sehr wichtig, alles, was da ist, und wenn es noch so schlimm aussieht, anzuschauen. Alles kann sich verändern, denn alles ist immer im Fluss. Aber die Veränderung kommt nur, wenn wir das, was jeweils da ist, vollständig akzeptieren und lieben."

Diese Botschaft wollen die meisten Menschen nicht hören. Deswegen ist positives Denken immer noch sehr populär. Schnell weg vom Minus und rein ins Plus! Es ist verständlich und nützlich, dass wir negative Situationen verändern möchten, aber wir verändern sie nur marginal, wenn wir wegschauen. **Hinschauen, annehmen und lieben – das ist die Alltagsübung.** Denn dadurch realisieren wir unsere nonduale Position im Hier und Jetzt, und ist das der Fall, kommt die Veränderung ganz von allein. Und kommt sie in seltenen Fällen nicht, werden wir todsicher in die Lage versetzt, uns mit dem, was jeweils ist, zu versöhnen! Wenn du alles liebst, was in dir erscheint, wirst du authentisch sein, weil du dich vollkommen annehmen kannst – so wie du bist.

Es gibt, wenn du wirklich verstehst, was diese Übung bezweckt, **überhaupt nie** einen Anlass, der es dir schwer machen könnte, zu lieben. Im Gegenteil: Je weiter unten du bist, **desto besser** funktioniert diese Übung!

Die Liebe ohne Objekt ist stets eine Liebe ohne Bedingung. Sie verlangt nichts von dir. Sie stellt keinerlei Anforderungen. Sie fällt nie ein Urteil über dich. Sie ist stets verfügbar. Sie kennt keine Hürden und keine Begrenzungen. Sie hat daher mit der Liebe, wie sie dir im Religionsunterricht beigebracht wurde, nicht das Geringste zu tun. Im Gegenteil: Gerade die Religion hat ein Bild von Liebe in unser Denken gepflanzt, das die Übung in objektloser Liebe am allerstärksten verhindert. Diese

Vorstellung muss mit Stumpf und Stiel ausgerissen werden, wenn du mein Konzept erfolgreich anwenden willst. Damit befassen wir uns in der nächsten Empfehlung.

Empfehlung 5: Befreiung von allen Mythen, die sich um die Liebe ranken

Die "Liebe Gottes" der christlichen Religion ist immer an Bedingungen geknüpft. Wenn nicht an gute Werke wie in der katholischen Kirche, dann zumindest an Glauben. "Wer nicht an den Sohn Gottes glaubt, ist ewig verloren."

Denk nicht, du wärst völlig frei von der zersetzenden Kraft solcher unsinnigen Lehren. Selbst wenn du dich Nihilist oder Atheist nennst - dein Unterbewusstsein wurde mit ihnen während deiner Kindheit verseucht.

Objektlose Liebe hat nicht das Geringste mit christlicher Nächstenliebe oder buddhistischem Mitgefühl zu tun. Es ist vielmehr eine Liebe, die bei dir selbst, bei deinen eigenen ungeliebten Aspekten ansetzt. Es ist eine Liebe, die ganz auf sich selbst zentriert ist.

Ist das nicht purer Narzissmus? Stärkt das letztlich nicht nur das Ego? Die "Selbstbewunderung" des Jünglings Narziss stärkte freilich sein Ego. Objektlose Liebe jedoch desillusioniert uns vollständig von der Vorstellung, das Ego zu sein. Die Übung führt zu der Klarheit, dass dein Ego in keinem seiner Aspekte deine wahre Natur ist. Manche von ihnen werden dir, wenn du ein Übender wirst, eher wie ungehorsame, quengelnde, unzufriedene Kinder erscheinen, die deiner Liebe ganz besonders bedürfen. Kinder, die sich ständig in den Vordergrund drängen oder mit ihrem aggressiven Verhalten an unseren Nerven zerren, fühlen sich zumeist ungeliebt. Nur Akzeptanz und Liebe kann sie verwandeln. Dasselbe Prinzip gilt für uns selbst. Versagen wir uns die Liebe, müssen wir uns nicht wundern, wenn unser Ego verrückt oder sich in seinem Drang nach Anerkennung ständig in den Vordergrund spielt. Die radikale Umsetzung meines Konzepts ist daher ein äußerst effizienter Weg, um das Ego in all seinen Aspekten zu harmonisieren. Wenn du dich in allem, was du bist und erlebst, **nicht vollständig annimmst und liebst**, wird deine Fähigkeit, in Harmonie mit anderen Menschen zu leben und echtes Mitgefühl zu empfinden, gering sein. Liebe und Mitgefühl für dich und andere Menschen sind ein natürlicher Ausdruck, wenn du in Liebe schwingst. Die Schwingung der Liebe kostet dich nicht die geringste Anstrengung. Wann immer du dich anstrengen musst, um zu lieben, bist du ein verdammt guter Heuchler, kein guter Mensch!

Wenn wir hören, wir sollten in allem und jedem lieben, fühlen wir uns aufgrund unserer Konditionierung sofort aufgefordert, ein höchst ethisches Leben zu führen und Mitgefühl für alle leidenden Wesen zu entwickeln. Noch einmal: Die Übung, die ich empfehle, **hat damit überhaupt nichts zu tun.**

Es ist ein Mythos zu glauben, dass wir uns immer nur dann lieben können, wenn wir uns dieser Liebe würdig erweisen. Wie entstand dieser Mythos? Das reicht weit bis in unsere früheste Kindheit zurück. Von unseren Eltern wurden wir in der Regel mit Liebe belohnt, wenn wir "lieb" waren. Mit Liebesentzug bestraft wurden wir, wenn wir "böse" waren. Und der Religionsunterricht hat dieses "Leistungsprinzip" unterstützt: Wer glaubt, den liebt Gott und gibt ihm das ewige Leben. Wer nicht glaubt, den hasst Gott und bestraft ihn mit ewigem Höllenfeuer. Bist du dir dessen bewusst, welchen Schaden das Bild eines Gottes, der seine Liebe von deinem Verhalten abhängig macht, angerichtet hat? Wir sollten nicht meinen, dass es inzwischen keine Wirkung mehr auf unser Unterbewusstsein hat, weil wir uns (hoffentlich) als Erwachsene von dieser leicht durchschaubaren Manipulation des Klerus abgewandt haben.

Warum macht es uns Schwierigkeiten zu lieben, wenn wir etwas "falsch" gemacht haben? Warum lieben wir uns immer nur dann, wenn wir gut sind und anerkannt werden? Die Ursache liegt in dieser mehr als fragwürdigen und vom psychologischen Standpunkt betrachtet üblen Indoktrination unseres Unterbewusstseins, der wir als

Kinder willenlos ausgesetzt waren. Unser aufgeklärter Verstand mag dieser schädlichen Irrlehre keinen Glauben mehr schenken, das Unterbewusstsein hingegen hält an ihr fest, bis wir sie als Mythos durchschauen. "Um eine Straße schadlos zu überqueren, musst du nur erkennen, wo die Autos herkommen", sagte Thaddeus Golas. Ebenso verhält es sich mit den Mythen. Sobald sie als solche erkannt sind, ist ihre Macht gebrochen und ihr Einfluss auf unser Verhalten wird schwächer und schwächer.

Im nondualen Bewusstsein ist jedes Ereignis von gleicher Qualität. Hier gibt es keine Bewertung: Gut und Schlecht, Schön und Hässlich, Arm und Reich, ja sämtliche Gegensatzpaare haben hier nicht die geringste Bedeutung. Weil deine wahre Natur nondual ist, kannst du dich jederzeit in allem lieben.

Nun magst du einwenden: "Ich habe aber noch kein nonduales Bewusstsein. Wie sollte ich mich da in jeder Situation lieben können?" Du kannst es nur so lange nicht, solange du diesem törichten Gedanken Gehör schenkst. Es gibt gar keinen Zweifel, dass du es kannst, denn deine wahre Natur ist nondual. Wenn du jedoch in deiner Übung nicht ausdauernd bist, wirst du dich nur schwerlich aus der Verhaftung der dualen Ebene lösen können. Wenn du aber wagst, was dir zunächst noch extrem scheinen mag, wenn du sozusagen in den Abgrund "grundloser" Liebe springst, dann wird deine wahre Natur schon bald realisiert sein. Und dann wird es keiner Radikalität mehr bedürfen. Dein nondualer Wesenskern liebt stets ohne Bedingung. Denn Liebe ist deine wahre Natur.

Empfehlung 6: Gar nichts tun

Nimm dir mindestens eine halbe Stunde Zeit. Noch besser wäre eine volle Stunde. Wäge nach dem Lesen der Anleitung ab, welchen Zeitraum du dir bei dieser Übung zutraust. Wenn du die Übung zu Hause machst, gehe nicht ans Telefon und öffne nicht die Tür, wenn es klingelt. Triff also einige Vorkehrungen, um während des angesetzten Zeitraums allein und ungestört sein zu können.

Verzichte während der Übung auf jegliche Aktivität. Setz dich mit lockerer Bekleidung und ohne Schuhe so hin, dass du das Sitzen als angenehm empfindest. Eine Rückenlehne ist nicht nur erlaubt, sondern in den meisten Fällen notwendig. Wer den Lotussitz beherrscht und dabei bequem sitzt, mag frei im Raum sitzen, für diese Übung ist jedoch in jedem Fall bequemes Sitzen notwendig.

Verzichte auf Musik, Bilder, Literatur und jegliche Aktivität. Stattdessen **tue rein gar nichts.** Deine Augen bleiben während des gesamten Zeitraums geöffnet. Wenn du es gewohnt bist, nach einer bestimmten Methode zu meditieren, sei während dieser Übung nicht auf sie fixiert und benutze vor allem kein Mantra und keine Affirmationen. Wähle vielmehr geradeaus blickend einen unbeweglichen Punkt im Raum und lass deine Augen dann während des gesamten Zeitraums einfach nur defokussiert (weich, auf "unendlich" gestellt) auf ihm ruhen. Das ist ganz ähnlich wie beim Betrachten magischer Bilder: Der Blick verschwimmt schon nach kurzer Zeit, umfasst alles im Radius des sich darbietenden Blickfelds, ist jedoch nicht mehr auf etwas Bestimmtes fixiert. Hört sich womöglich kompliziert an, ist jedoch in der Praxis ganz einfach. Stell vorher einen Wecker, damit du hörst, wann die halbe oder volle Stunde vorbei ist.

Bewege deinen Körper nur dann, wenn deine Sitzposition leicht korrigiert werden muss, um während des gesamten Zeitraums bequem sitzen zu können. Besser wäre es, gänzlich unbewegt zu bleiben, aber es ist keine Bedingung. Die Erfahrung zeigt, dass es am besten ist, wenn deine Hände locker auf den Oberschenkeln ruhen.

Man könnte die Übung auch bequem auf dem Rücken liegend durchführen. Wenn du diese Variante wählst, solltest du jedoch sicher sein, dass dir dabei nicht die Augen zufallen, denn schlafend kann diese Übung nicht die beabsichtigte Wirkung erzielen.

Deine einzige Absicht bei dieser Übung sei: rein gar nichts zu tun! Überlass daher deine Gedanken sich selbst. Überlass auch deine Gefühle sich selbst. Akzeptiere, was immer dir durch den Kopf geht, was immer an Gefühlen hochkommt, vollkommen egal ob sie angenehm oder unangenehm sind. Widerstehe weder unangenehmen Gedanken noch unangenehmen Gefühlen. Und wenn dir das unmöglich erscheint, akzeptiere den Widerstand gegen unangenehme Gedanken oder Gefühle. Tu also rein gar nichts, um den Widerstand zu vermeiden. Wenn es dir unmöglich erscheint, den Widerstand zu akzeptieren, dann lass zu, was immer sich gedanklich gegen ihn tun will.

Womöglich wirst du nach einem gewissen Zeitraum das Gefühl haben, diese Übung sei nutzlos, wertlos, bar jeden Sinns. Möglicherweise drängt sich dir der Eindruck auf, irgendetwas tun zu müssen, und sei es nur eine leichte Veränderung deiner Blickrichtung oder eine kurze Bewegung deiner Hände. Lass diese Gedanken und Gefühle zu - gib ihnen jedoch nicht nach, indem du in irgendeiner Weise aktiv wirst. Sollte es trotzdem geschehen, akzeptiere auch das und kehre einfach zum Nichtstun zurück.

Es geht bei dieser Übung noch nicht einmal um die Wahrnehmung dessen, was sich innerhalb des angesetzten Zeitraums ereignet. Dass du jedoch beim Nichtstun Geräusche, Gedanken, Gefühle, Körperempfindungen, deinen Atem, visuelle Eindrücke, womöglich auch Gerüche oder Geschmacksveränderungen wahrnehmen wirst, ist schlicht unvermeidbar. Wehre keine der sich ereignenden Wahrnehmungen ab, sei dir nur dessen bewusst, dass es bei dieser Übung völlig egal ist, **was** du jeweils wahrnimmst und auch **wie** du jeweils darauf reagierst. Selbst wenn deine Gedanken wie ein sich von Baum zu Baum hangelnder Affe von einer Wahrnehmung zur anderen springen – widerstehe solchen Gedankensprüngen nicht, mach sie vielmehr mit. Ein Beispiel: Gerade während du das Geräusch eines anspringenden Motors wahrnimmst, zuckt der Gedanke “Ich muss anschließend unbedingt Peter anrufen!” durch dein Gehirn. Nimm ihn einfach ebenso wahr, so wie vorher das Geräusch. Und wenn dir gleich anschließend ein leichter Druck im Magen bewusst werden sollte, akzeptierst du ihn einfach. Es spielt also nicht die geringste Rolle, was du wahrnimmst oder wo deine Aufmerksamkeit jeweils hinwandern oder hinspringen will. Es geht einzig darum, eine halbe oder eine volle Stunde lang nichts zu tun, also passiv zu bleiben. Womöglich wird es die längste halbe beziehungsweise volle Stunde deines Lebens (smile!).

Erwarte kein Ergebnis beziehungsweise keinen Zugewinn. Im besten Fall wirst du bei dieser Übung etwas verlieren, doch garantieren kann ich auch das nicht. Erwarte auch keinen Verlust. Was du in jedem Fall verlieren wirst, ist eine Stunde deiner Zeit. Was du ansonsten verlieren könntest, solltest du selbst erfahren. Sicher ist bei dieser Übung nur eines, und das ist nichts!

Möglicherweise fühlst du dich während des gesamten Zeitraums unwohl, angespannt und nervös und erwartest voller Ungeduld das Ende der Übung. Sollte das tatsächlich der Fall sein, liebe dich einfach für diese Gefühle und wiederhole die Übung womöglich irgendwann später noch einmal. Ebenso könnte es sein, dass sich zusammen mit der Unruhe beziehungsweise dem Spannungsgefühl nach einer gewissen Zeit etwas tief in dir ganz still und friedlich anfühlt. Sollte das der Fall sein, sei nicht auf den Frieden oder die Stille fixiert, versuche vor allem nicht, diesen Zustand zu halten oder zu intensivieren. Es mag sein, dass der Frieden oder die Stille ganz von selbst an Tiefe oder Bedeutung gewinnt, sodass sich die Unruhe beziehungsweise die Spannung nahezu vollständig abbaut, doch selbst dann bleibst du nur bei deiner Absicht, rein gar nichts zu tun, egal was geschieht oder nicht geschieht.

Wenn du keine halbe oder volle Stunde im reinen Nichtstun durchhalten solltest und womöglich darüber bestürzt bist, liebe dich dafür, dass du es nicht geschafft hast, und auch dafür, dass du bestürzt bist. Vielleicht probierst du es irgendwann später noch einmal.

Übrigens: Es besteht keinerlei Notwendigkeit, diese Übung zu machen oder zu wiederholen. Wenn sich dir jedoch der Eindruck aufdrängt, sie machen oder wiederholen zu wollen, gibst du ihm einfach nach. Ich empfehle oftmalige, jedoch keine regelmäßige Wiederholung. Du solltest diese Übung eher wie ein Hobby betreiben, sonst würde das Nichtstun lediglich zu einer neuen Aktivität. Und damit würde die Übung ihre beabsichtigte Wirkung verlieren.

Solltest du nach wiederholter Übung im Nichtstun in Bezug auf deinen inneren Zustand keinen Unterschied mehr feststellen zwischen dem Zeitraum der Übung und dem Zeitraum deines Aktivseins im Alltag, so erübrigt sich diese Übung. Denn dies würde beweisen, dass die Illusion, du könntest irgendetwas erreichen, was du jetzt noch nicht hast oder bist, mühelos von dir abgefallen ist wie herbstlich verfärbtes Laub von den Bäumen.

Anschließend kann man natürlich weiterhin innerhalb bestimmter Zeiträume in totalem Nichtstun verharren. Das Motiv wäre dann jedoch nicht mehr die Übung im Nichtstun, sondern der natürliche Ausdruck deiner wahren Natur, wann immer Handeln weder notwendig, nützlich noch lohnend erscheint.

Empfehlung 7:
Mühelos desillusioniert werden

Worte sind wie eine Hülse. In ihnen steckt der "Spirit" des jeweiligen Autors. "Meine Worte sind Geist und sind Leben", sagte Jesus, und das gilt nicht nur für ihn, es ist ein universelles Prinzip. Wenn du nicht gelernt hast, einen Text dissoziiert (mit innerer Distanz) zu lesen, musst du dich nicht wundern, wenn du dich danach manches Mal total verschmutzt oder energielos fühlst. Denn jeder Text beherbergt den Geist des Schreibers. Während des assoziierten Lesens dringt dieser bis zu einem gewissen Grad in dich ein.

Liest du zum Beispiel irgendeine heilige Schrift regelmäßig **assoziiert** (emotional eins mit ihr), wirst du ein religiöser Mensch werden. Liest du täglich die Bildzeitung **assoziiert**, besteht die Gefahr, dass du ebenso oberflächlich und marktschreierisch auftrittst wie dieses Revolverblatt.

Dissoziiert die Bibel oder die Bildzeitung zu lesen hat keinerlei Auswirkungen auf deine Persönlichkeit. Was immer du aber **assoziiert** liest, hat Einfluss auf deinen Charakter.

Warum ereignete sich wohl eine Welle von Selbstmorden unter den Lesern von Goethes Werk *Die Leiden des jungen Werther*? Weil der Geist dieses Buches aus der Feder eines Menschen floss, der durch seinen Text genau diese Stimmung in Menschen zu erzeugen vermochte, die den zur Zeit seines Erscheinens hochaktuellen Roman assoziiert lasen.

Wenn du fest entschlossen bist, die Illusionen, die deine wahre Natur ver-decken, zu ent-decken, empfehle ich dir, die desillusionierenden Texte in Teil II dieses Buches wiederholt **assoziiert** zu lesen.[1] Assoziiert lesen gleicht dem Essen, bei dem die geistige Nahrung verdaut und dem Organismus einverleibt wird. Am besten gelingt dies, wenn man die Worte beim Lesen wie eine Speise aufnimmt.

Tauche ein in den Geist, der sich hinter den Buchstaben verbirgt, erlaube deiner Intuition zu **er**greifen, was dein Verstand nicht oder nur unzulänglich zu **be**greifen vermag. Gedanken wie "Ach, das kenn ich ja schon, es ist nur ein wenig anders formuliert!" oder: "So kann man das aber nun wirklich nicht formulieren!" sind typisch für den Verstand, dessen Aufgabe darin besteht, alles, was er wahrnimmt, mit dem, was er kennt, zu vergleichen, auf dieser

[1] Weitere Autoren, deren Dialoge und Bücher den Prozess der Desillusionierung begünstigen können und die ich empfehle, findest du in dem Kapitel "Konzepte zur Entidentifikation".

Basis zu analysieren und dann zu katalogisieren, also ein Etikett draufzukleben und in bereits vorhandene Schubladen zu stecken. Und das führt nicht zur Desillusionierung, es vermehrt nur dein Wissen und macht unter Umständen sogar überheblich.

Das intellektuelle Verständnis ist freilich nützlich, sollte jedoch beim Lesen nicht im Vordergrund stehen. Denn nur die Intuition vermag diese Texte zu erfassen. Und erst wenn das geschieht, ist der Verstand in der Lage, die "neuen Informationen" richtig einzuordnen.

Daher empfehle ich, die Texte wiederholt langsam und assoziiert zu lesen, um ihre verborgene Energie zu erspüren und zu absorbieren. Es kommt also überhaupt nicht auf die Quantität des Gelesenen, sondern auf die Qualität an. Auch das wiederholte Lesen bestimmter Sätze, die dir besonders gehaltvoll erscheinen, fördert den Prozess der Desillusionierung.

Am Schluss noch ein Tipp: Markiere dir besonders gehaltvoll erscheinende Sätze farbig und lies besonders diese immer wieder assoziiert!

Teil IV

Brauche ich einen Guru?

Vielleicht stellt sich dir nun die Frage, ob du womöglich die Präsenz und Anleitung eines spirituellen Lehrers brauchst. Das wäre denkbar. Bedenke dabei jedoch Folgendes: Warum zieht es manche Menschen zu einem Guru? Sie möchten anders sein, als sie sich selbst erscheinen, und suchen deshalb nach einem weisen Menschen, zu dem sie aufschauen können. Das ist zwar verständlich und beweist in vielen Fällen einen hohen Grad an Selbsterkenntnis, führt aber nicht zu der beabsichtigten "Erfahrung", wenn wir diesen Begriff einmal in Ermangelung eines besseren benutzen wollen.

Ich habe nichts gegen Gurus. Wie könnte ich auch, nachdem die letzte Illusion, die mich scheinbar von meiner wahren Natur trennte, in der Präsenz eines Gurus wegfiel: bei Ramesh Balsekar in Bombay. Nachdem das geschah, reiste ich ab und habe Ramesh seither nie mehr besucht. Warum auch? Der Guru hat seine Schuldigkeit getan, der Guru kann gehen!

Das mag wenig ehrerbietig klingen, bedeutet jedoch nicht, dass ich Ramesh nicht schätze. Ich bin ihm dankbar, ja, ich kann sogar sagen, dass ich ihn liebe. Aber es gibt keine Abhängigkeit. Ein kleines, ungerahmtes Foto von ihm hängt an einer Wand in meinem Büro, aber ich stehe nicht davor und bete es an. Wenn es einmal zufällig in mein Blickfeld gerät, freue ich mich, dass ich diesem Mann begegnen durfte. Das ist aber auch alles. Ich verwende ein anderes Konzept zur Desillusionierung, obwohl ich das seine all denen, die sich von ihm angezogen fühlen, durchaus empfehle. Darüber hinaus sehe ich meine Arbeit ähnlich wie Ralph Waldo Emerson, der von sich sagte: "Ich habe nicht versucht, Menschen an mich zu binden, sondern sie zu sich selbst zu bringen ... Mein Stolz liegt darin, keine Anhänger zu haben."

Ein Guru kann nützlich sein, um dich zu desillusionieren. Er kann aber ebenso auch zu einem der stärksten Verhinderer werden. Und zwar immer dann, wenn der Guru lediglich eine neue Illusion erzeugt: dass du noch nicht hast, was er hat! Dass du noch nicht so bist wie er.

Ich kenne Menschen, die schon jahrelang zu Füßen eines "Erleuchteten" sitzen und darauf warten, dass er sie erleuchtet. Egal, wie oft er darauf hinweisen mag, dass er selbst niemanden erleuchten kann - sie setzen ihre ganze Hoffnung auf ihn. Und ist das der Fall, verhindert der Guru die Desillusionierung.

Heute ist es unter Esoterikern "in", an Satsangs teilzunehmen. Manche Leute haben schon x Gurus durch. Sie springen von einem zum anderen, und alles, was sie dabei finden, sind deren Lehren, die sich natürlich aufgrund der jeweiligen Lebensgeschichte des Lehrers von denen anderer Gurus unterscheiden. Und manche "Satsang-Hopper" haben nichts Besseres zu tun, als in ihrer Ignoranz und Unwissenheit darüber zu diskutieren, wer "wirklich" erleuchtet ist und wer nicht. Ich habe beispielsweise von einem Ramesh-Jünger gehört, Osho sei nie und nimmer erleuchtet, sondern lediglich ein ausgezeichneter Hypnotiseur gewesen. Andere sagen von Ramesh, er sei nicht wirklich erleuchtet, sondern lediglich ein exzellenter Advaita-Lehrer mit hohem intellektuellem Niveau. Ich erspare dir weitere Beispiele solcher nichtsnutzigen Diskussionen, die sicher ein ganzes Buch füllen könnten.

Ein Guru erfüllt nur einen Zweck: das aus dem Weg zu räumen, was deine wahre Natur verdeckt. Es gibt jedoch keinen Grund dafür, ihn über das normale Maß, das jedem weisen Menschen gebührt, hinaus zu respektieren. Im Gegenteil: wenn du das tust, wirst du schließlich so stark fixiert auf ihn sein, dass diese Fixierung die Desillusionierung verhindert.

Woran erkenne ich einen "wahren" Guru? Du befindest dich auf dem falschen Dampfer, wenn du dieser Frage nachgehst. Führt dich dein Weg zu einem Guru, egal wie er heißt, dann beobachte einfach, was **in dir** passiert. Gibt es eine innere Bestätigung, selbst wenn dich seine Belehrung zunächst verwirren mag, schenke ihm dein Vertrauen. Lass dich aber nicht von seiner äußeren Gestalt, seinem Charisma oder seiner überzeugenden Art einfangen. Es geht immer nur um das, was durch ihn **in dir** passiert.

Wenn du dich durch seine Lehren unter Druck gesetzt fühlst, wenn er also Forderungen an dich stellt, UM "erleuchtet" zu werden, beispielsweise Meditation, Yoga oder wer weiß, vielleicht sogar Liegestütze, spring am besten auf und verlasse sofort sein Haus. Er mag Empfehlungen aussprechen, das ist okay. Forderungen und Bedingungen jedoch sind immer ein Fallstrick. Dabei mag er sie aus lauteren Motiven stellen. Verurteile ihn deshalb nicht, bleib ihm jedoch fern!

Du wirst immer nur dann an einen Guru geraten, der dir nicht weiterzuhelfen vermag, wenn du eine Affinität zu ihm hast. Daher empfehle ich, nicht den Guru für deine Misere verantwortlich zu machen, denn wenn du das tust, kannst du nicht damit rechnen, die Affinität aufzulösen. Gehe auch nicht der Frage nach: Was habe ich nur falsch gemacht, um gerade an diesen Typen zu geraten? Du hast gar nichts falsch gemacht, du kannst schlicht nicht anders, als die Menschen in dein Leben zu ziehen, zu denen du eine Affinität in dir trägst. Indem du dir dies ohne Wenn und Aber eingestehst und akzeptierst, wird sie sich ohne dein Zutun auflösen.

Ich sage nicht: Du brauchst keinen Guru! Ich sage jedoch ebenso wenig, dass du einen brauchst. Das zu entscheiden, steht mir nicht zu. Ich brauchte offenbar einen, sonst hätte mich mein Weg nicht zu ihm geführt. Bei anderen wurde die wahre Natur ohne Guru entdeckt. Es gibt hierbei kein unumstößliches Prinzip.

Vielleicht musst du tatsächlich von Guru zu Guru pilgern, bis du endlich entdeckst, dass das, was du suchst, bereits da war, bevor du den ersten besucht hast. Diese Erkenntnis ist übrigens einer der besten Beweise dafür, dass du desillusioniert bist.

Manch ein Erwachter bleibt seinem Guru auch nach der Desillusionierung ein Leben lang treu. Dagegen spricht nichts, mir geht es nur darum, dich darüber zu informieren, dass die **Fixierung** auf einen Guru die Wahrnehmung des bereits vorhandenen Friedens in dir verhindert.

Ein fähiger Guru wird immer versuchen, dir DAS klarzumachen. Er wird niemals seine spezielle Erfahrung in den Vordergrund rücken und dir das Gefühl geben, dass du einen weiten Weg vor dir hast und viele Bedingungen erfüllen musst, um "es" oder gar "ihn" zu erreichen. Im Gegenteil. Ein fähiger Guru wird nur darauf aus sein, dir die Augen dafür zu öffnen, dass du essenziell vollkommen identisch mit ihm bist.

Kannst du bestätigen, dass dein Guru - solltest du einen haben - eben das tut, kann ich dir nur empfehlen, bei ihm zu bleiben, bis du merkst, dass du ihn nicht mehr brauchst.

Konzepte zur Entidentifikation

Letztlich existieren nicht “viele” Illusionen, die die Entdeckung deiner wahren Natur vereiteln, sondern nur eine: die Identifikation mit dem, was du “deine Persönlichkeit” nennst. Sobald du von ihr entidentifiziert bist, werden weiterhin Probleme auftauchen, aber es wird niemand mehr da sein, der diese Probleme als “seine” Probleme betrachtet. Und das bedeutet Befreiung von ihnen. Sonst nichts.

Um sich entidentifizieren zu können, haben jene, die entidentifiziert sind, Konzepte genutzt. Sie dienen ausschließlich dem Zweck der Ent-identifikation. Wenn du erst einmal entidentifiziert (oder desillusioniert) bist, kannst du jedes Konzept in den Papierkorb werfen. Natürlich auch meins. Wer ein Haus gebaut hat, kann das Gerüst wieder abbauen. Ebenso verhält es sich mit allen Konzepten zur Entidentifikation: Sobald sie vollendet ist, hat sich das Konzept erledigt.

Jesus nutzte ein typisches Guru-Konzept. Er sagte: “Ich bin das lebendige Brot, das aus dem Himmel herniedergekommen ist. Wenn jemand von diesem Brot isst, der wird leben in Ewigkeit." Jesus hatte niemals die Absicht, eine Religionsgemeinschaft zu gründen. Er war lediglich ein Meister der Entidentifikation, dessen Konzept darin bestand, dass man sich ganz und gar auf ihn und seine Präsenz und seine Worte einließ. Wer das tat, konnte Entidentifikation erleben. Wenn Jesus sagte: "Ich bin der Weg, die Wahrheit und das Leben, niemand kommt zum Vater denn durch mich", erhob er damit keinen dogmatischen Absolutheitsanspruch, wie es die Kirchen tun, die (leider) nach seinem Namen benannt sind.

Wenn du dich auf das Guru-Konzept einlässt, woran nichts falsch ist, gilt es, sich dem Guru mit Haut und Haaren zu verschreiben. Es geht dabei nicht um Abhängigkeit von der Person des Gurus. Ein fähiger Guru hat nicht das geringste Interesse daran, dich an sich zu binden, denn die "Person" eines Gurus besteht nur noch der Form nach. Wenn du dich auf ihn einlässt, wirst du nicht ihn, sondern in ihm dich selbst finden. Und wenn du dich findest, wird auch deine Person nur noch der Form nach existieren. Dann kannst du das Guru-Konzept ad acta legen, denn du brauchst es nicht mehr. Wer sich daher wirklich auf Jesus, Buddha oder irgendeinen anderen, wenn möglich noch lebenden Guru einlässt, wird ihm zweifelsfrei irgendwann nicht mehr folgen - es sei denn, er hat seine Hausaufgaben nicht gemacht und daher nicht erfasst, was der Guru bewirken soll.

Manchmal bedarf es zur Loslösung von einem Guru drastischer Eingriffe des Kosmos. Warum kommt es immer wieder vor, dass selbst prominente Gurus irgendwann mit einer (oder auch mehreren) ihrer Anhängerinnen eine sexuelle Beziehung eingehen oder andere "Verfehlungen" begehen? Ist das etwa ein Beweis dafür, dass sie nicht "echt" sind? Das muss nicht der Fall sein, der Kosmos möchte lediglich dafür sorgen, dass besonders stark an die Person des Gurus verhaftete Anhänger ent-täuscht werden und ihr Guru-Konzept in den Papierkorb werfen, um endlich ihre wahre Natur zu entdecken. Der individuelle Aspekt eines Gurus bleibt "menschlich", was ihn zum Guru macht, ist die vollständige Entidentifikation von seiner menschlichen "Persönlichkeit".

ZEN-Meister arbeiten mit dem Konzept, ihre Schüler täglich viele Stunden in einer bestimmten Körperhaltung sitzen und ihren Atem, später auch ihre Gedanken, Gefühle, Geräusche usw. beobachten zu lassen. Insbesondere in der Rinzai-Richtung des ZEN werden dem Schüler sogenannte Koans gegeben, das sind paradoxe Prüffragen, die in der Meditation intuitiv gelöst und dem Meister vorgetragen werden müssen. Auch bei dieser Praxis geht es um dasselbe Prinzip: Entidentifikation. Wenn ZEN-Meister auch nach der Entidentifikation täglich noch stundenlang sitzen und meditieren, tun sie das lediglich deshalb, weil es zu ihrem Lebensstil wurde. Sie müssten es jedoch nicht mehr tun, denn der Zweck des Konzepts ist erfüllt, wenn es sie entidentifiziert hat. Besonders empfehlenswert für ZEN-Interessierte ist das Buch mit dem Titel: *Zen ist die größte Lüge aller Zeiten* von Sawaki Kodo Roshi, das natürlich nicht die Übung, in diesem Fall “das Sitzen”, ersetzt.

Oshos Konzept war Meditation. Zwar lehrte er viele verschiedene Meditationstechniken, doch im Kern ging es ihm darum, suchende Menschen von ihrem konditionierten Verstand zu entkoppeln, um zu sein, was sie in Wahrheit schon sind. Der spirituelle Meister wusste natürlich, dass man durch Meditation an kein Ziel kommen, sehr wohl jedoch erfahren kann, dass es keinen Meditierenden gibt. Und damit erledigt sich auch sein Konzept. Egal welche seiner empfohlenen Meditationstechniken zu dir passt, jede von ihnen ist nur eine Übung, um dich zu entidentifizieren.

Ramana Maharshi empfahl die Methode der Selbsterforschung: Stell dir immer wieder die Frage: “Wer bin ich?” Egal wie lange du dir sie stellst, du wirst den, der “Wer bin ich?” fragt, niemals finden können. Und genau das ist der Zweck dieser Übung. Sie entidentifiziert dich von all dem, was du nicht bist. Und was übrigbleibt, nämlich das Nicht-Ich, das bist du!

Eine der wesentlichen Empfehlungen von Nisargadatta Maharaj lautete: “Es ist genug, sich selbst objektiv zu beobachten. Sich vollständig von dem zu isolieren, was passiert.” Diese Übung hat genau denselben Effekt.

Ramesh Balsekar empfahl, deine Handlungen zu überprüfen. Bin ich wirklich der Handelnde? Oder muss ich mir nicht vielmehr eingestehen, dass alle Handlungen aufgrund von Umständen oder Gedanken, über die ich keine Kontrolle habe, "durch mich" geschehen? Ist das Empfinden, der Handelnde zu sein, erst einmal total ausgelöscht, bist du automatisch entidentifiziert. Es gibt kein Buch dieses Meisters der Desillusionierung, das ich nicht empfehlen könnte, insbesondere jedoch *Erleuchtende Gespräche*. Man konnte ihn zu seinen Lebzeiten auch in Bombay besuchen und ihn live während seiner jeden Morgen von 9.00 bis 11.00 Uhr in seiner Wohnung stattfindenden Talks erleben.

Jed McKenna, Autor der Bücher *Verflixte Erleuchtung* und *Spirituell unkorrekte Erleuchtung*, arbeitet mit dem Konzept, sich die Frage "Was ist Wahrheit?" zu stellen und darüber Tagebuch zu führen. Er nennt diesen Prozess Spirituelle Autolyse. "Denn die tiefste Wahrheit einer jeden Person ist die Nicht-Person." Alles andere beruht auf Einbildung und unserem Glauben. Am Ende dieses Prozesses steht daher wiederum Entidentifikation.

Satyam Nadeen, der Autor des Buches *Satsang – Das Handbuch zum neuen Erwachen*, sagt: "Der Durchbruch ist die Erinnerung daran, dass wir die Quelle sind." Um Suchenden dieses Erinnern zu ermöglichen, hält er Satsang offenbar für das bestmögliche Mittel.

Auch Tony Parsons, der Autor des Buches *Das ist es*, sagt: "Wir kommen nur zusammen, um uns zu erinnern." Und der Zweck seiner Talks besteht allein darin, dass niemand etwas bekommt. Wenn der Verstand immer leer ausgeht, kann automatisch das Eine erscheinen, das alles in allen ist. Und auch auf diese Weise geschieht nichts anderes als Entidentifikation.

Eckart Tolle empfiehlt, sich des inneren Körpers bewusst zu werden, den inneren Körper zu fühlen, um dadurch sofort ruhig und präsent zu sein. So erkennt das Bewusstsein seine eigene Quelle, kehrt ins Unmanifeste zurück und lebt im Hier und Jetzt.

Karl Renz gibt dir überhaupt keine Methode. "Es gibt nichts, was du tun kannst, weil du schon bist, was du suchst und nie etwas anderes sein kannst." Doch auch dieses Nicht-Konzept hat nichts anderes als Entidentifikation zur Folge.

U. G. Krishnamurti, nicht mit seinem bekannteren Namensvetter Jiddhu Krishnamurti zu verwechseln, lehnt ebenfalls jedes Konzept ab. Einen Besucher fragte er: "Was wollen Sie? Das ist die Frage, die ich Ihnen andauernd stelle: Was wollen Sie? Sie antworten: Ich will mit mir selbst in Frieden leben. Das Ziel, das Sie sich da gesetzt haben, ist ein unmögliches Ziel, denn alles, was Sie tun, um mit sich selbst in Frieden zu sein, zerstört den Frieden, der bereits vorhanden ist." U. G. schlägt dir wirklich jedes Konzept aus der Hand. Er möchte auch nicht als Guru gesehen und schon gar nicht als Guru verehrt werden. Leute, die ihm Verehrung darbringen, beleidigt er und stößt sie mit teilweise groben Beleidigungen vor den Kopf. Er hat nicht einmal das Ziel, dich zu desillusionieren. Und doch ist alles, was er sagt, genau dazu geeignet. Denn wenn die Konzepte und die Anstrengung wegfallen, erscheint der Frieden, der immer schon gegenwärtig ist.

Thaddeus Golas empfahl: "Egal was du denkst, liebe dich dafür, dass du es denkst. Egal was du tust, liebe dich dafür, dass du es tust." Mein Konzept basiert auf dieser simplen und doch so genialen Empfehlung. Wenn du alles liebst, egal was passiert, kannst du ebenfalls nur in der Entidentifikation landen. Probleme werden weiterhin da sein, doch keiner mehr, der sich mit ihnen identifiziert. Denn wenn alles, was auftaucht, akzeptiert und geliebt werden **kann**, bist du automatisch da, wo du schon immer bist.

Zum Schluss: Ein auf sehr originelle Weise desillusionierendes Buch, das zeichnerisch eine kleine Geschichte erzählt, die selbst Kinder verstehen können, ist: *Erleuchtung für Anfänger* von Chuck Hillig, einem Schüler von Ramana Maharshi.

Ich habe in meinem Leben mit vielen Konzepten gearbeitet und vielleicht deshalb ziemlich lange gebraucht, bis Entidentifizierung geschah. Das bedeutet jedoch nicht, dass man zur Entidentifikation immer viel Zeit braucht. Es bedeutet auch nicht, dass ein langer Prozess vonnöten wäre. Im Grunde genommen bedarf es nur eines winzigen Moments der Erinnerung: “Ach so, ich bin also gar nicht, was ich bisher immer für ‘mich’ hielt.” Doch in der Regel wirst du mit einem Konzept arbeiten müssen, damit diese Klarheit erscheint und dich nie wieder verlässt. Welches du nutzt, ist dabei nicht von Belang. Es muss nur zu dir passen. Es muss dich entidentifizieren können. Das ist der entscheidende Punkt.

Nachwort

Nun, am Ende des Buches, hast du aller Wahrscheinlichkeit nach den Eindruck, zu wissen, worum es geht – dass du nämlich schon hast, was du suchst. Dass du schon bist, was du sein möchtest. Dass nichts zu tun ist, dass alles erreicht ist und schon immer erreicht war. Trotz dieses Wissens kommt vielleicht noch das Gefühl auf: Ach, ich habe es immer noch nicht! Ich bin immer noch auf der Suche! Irgendwas fehlt mir noch immer!

Wäre es so, spräche dieses Eingeständnis für deine Aufrichtigkeit. Und doch ist dieser Gedanke Illusion, denn du bist, auch wenn du meinst, noch nicht "angekommen" zu sein, schon immer am Ziel. Diese objektive Tatsache sollte dir zumindest klar sein, auch wenn sich das subjektive Gefühl, noch nicht angekommen zu sein, nicht beseitigen lässt.

Alles, was in diesem Buch steht, verfolgt letztlich nur einen Zweck: **die vollständige Aufgabe deines Bemühens, das zu erreichen, was du nie erreichen kannst, weil du schon bist, was du meinst, erst erreichen zu müssen.**

Die Übungen, die ich dir empfehle, führen zu der Einsicht: "Ich erinnere mich zwar immer wieder an meine wahre Natur, zumeist aber nur für Augenblicke. Ich liebe mich in jeder Situation, manchmal sogar in meiner Nicht-Akzeptanz, doch dann falle ich leider wieder in meine alte Denkgewohnheit zurück."

Und wenn schon! Diese Erfahrung ist völlig normal im Prozess der Desillusionierung. Bleib trotzdem bei deiner Übung. Heißt: Liebe dich, obwohl du immer wieder in die alte Denkgewohnheit zurückfällst! Liebe dich, obwohl du Personen und Situationen, ja manches Mal sogar dich selbst nicht akzeptieren kannst. Liebe dich für das, was du an anderen nicht magst, und auch für das, was du an dir selbst hasst. Liebe dich selbst für das, wofür du dich schämst. Liebe dich also rundherum - ausdauernd und radikal! Dann plötzlich, im Bruchteil einer Millisekunde und ohne jede Vorwarnung ist der Prozess der Desillusionierung abgeschlossen. Der Eindruck, etwas finden, etwas erlangen, etwas erreichen zu müssen, verschwindet für immer und wird durch die irreversible Klarheit ersetzt: Es gab noch niemals etwas zu erreichen! Weil ich schon bin, was ich lebenslang zu erreichen versuchte. Weil alles tatsächlich perfekt ist, so wie es JETZT ist.

Ich bin das Eine

Alles ist das Eine.
Nur eins existiert
und das ist das Eine.

Ich bin verliebt in das Eine.
Und damit in mich selbst.
Es gibt nichts Größeres, Köstlicheres auf dieser Welt.
Ein wundervoller Gedanke,
Der allerschönste Gedanke,
Und nicht nur ein Gedanke,
Vielmehr: Realität.

Alles, was du siehst, hörst, riechst,
Alles, was du schmeckst und betastest,
Alles, was du fühlst und denkst,
Alles, was dir geschieht:
Gutes und Böses,

Alle Menschen um dich herum,
Schön oder hässlich,
Dumm oder schlau,
Reich oder arm,

Gewandt oder plump,
Erfolgreich oder Versager,
Konservativ oder ausgeflippt,
Gut oder schlecht,
Weise oder kriminell,

Jeder Baum,
Jeder Strauch,
Jede Blume,
Jeder Grashalm,
Jede Pflanze,
Ja, jeder Stein,

Auch jedes Tier,
Selbst ein Wurm,
Oder eine winzig kleine Stechmücke,

Ebenso die Wolken am Himmel,
Die Sonne, der Regen,
Der Tau auf den Gräsern,
Der Nebel im Tal,
Sonnenaufgang und -untergang,
Rabenschwarze Nacht,

Straßen und Wege,
Berge und Täler,
Alle Errungenschaften der Technik,
Profanes ebenso wie Heiliges und Geniales,
Makro- und Mikrokosmos,
Alles, mein Freund,

Auch das nicht Aufgezählte,
Ist jenes Eine,
Natürlich auch du.

Oh, das Eine,
Ein Lobgesang auf das Eine,
Das sich selbst so erscheint, als wäre es unzählig Vieles.

Das ist mein Geniestreich:
So sein zu können, als sei ich nicht Eines,
Sondern unzählig Vieles.

Ich kann es mir leisten, so unzählig Vieles zu sein,
Weil ich Das Eine bin.
Was immer es auch scheinbar wird:
Nichts kann dabei jemals schiefgehen,
Nichts kann jemals aus den Fugen geraten,
Nichts vermag aus dem Ruder zu laufen,
Nichts kann jemals "zu viel" sein,
Nichts jemals "zu wenig",
Weil alles immer das Eine bleibt,
Weil es niemals etwas anderes sein kann als das Eine.
Was immer es wird,
In welche Richtung es sich auch entwickelt,
Ob es sich reduziert oder entfaltet,
Ob es stagniert oder wächst,
Ob es implodiert oder explodiert,
Ob es stirbt oder lebt,
Bleibt es das Eine.

Da ist nur das Eine,
Es tut nur so, als wäre es dieses und jenes.
Daher ist Vielheit Illusion,
Die Illusion des Einen, sich als eines
unter vielem anderen wahrzunehmen.

Du fragst:
Was genau ist das Eine?
Diese Frage ist irrelevant.
Das Eine ist einfach das Eine,
Vollkommen egal, wie viele Erscheinungen
es annimmt,
bleibt es stets das Eine.

Es ist im Schweigen ebenso wie im Reden das Eine,
Im Erfolg ebenso wie im Misserfolg,
Im Verüben eines Verbrechens ebenso
wie im Gebet,
In der Bestrafung des Verbrechers ebenso
wie in der kriminellen Tat.

Sieh hinter die Erscheinungen,
Sieh durch sie hindurch,
Und es wird dir klar sein.
Was immer du denkst,
Was immer du fühlst,
Was immer du tust,
Es kann nie etwas anderes sein als das Eine.

Du kannst ihm nicht davonlaufen,
Und selbst wenn du es tust, bleibst du das Eine.
Selbst wenn du es verleugnest,
Verleugnet das Eine sich selbst
Und bleibt dabei immer das Eine.

Geh in deine Vergangenheit,
Und du kannst nur dem Einen begegnen.
Schau in die Zukunft,
Und du wirst dir nur des Einen gewahr.

In welche Richtung auch immer du siehst,
Und was auch immer du siehst:
Es kann niemals etwas anderes sein als das Eine.

Das Eine erscheint sich als Vielfalt,
Das ist sein ewiges Spiel mit sich selbst.

Zeit ist sein Spiel,
Raum ist sein Spiel,
Kausalität ist sein Spiel.

Alles spielt sich ab in dem Einen und als das Eine.
Mehr brauchst du nicht zu wissen,
Um in ungestörter Stille verwurzelt zu sein.

Über den Autor

Werner Ablass interessierte sich schon als junger Mann brennend für Weisheitslehren und Erfolgsphilosophien. Seine spirituelle Seite führte ihn zunächst nach den wilden 60er Jahren zur Jesus-People-Bewegung. Sein gleichzeitiger Drang nach Bodenhaftung und "irdischem" Erfolg führte ihn nach dieser Phase in die freie Wirtschaft, wo er dann über 20 Jahre im Vertrieb, Key-Account-Management sowie in der Führung bekannter Markenartikelunternehmen wirkte. 1994 machte sich der NLP Master als Managementtrainer mit dem Schwerpunkt Persönlichkeitsentwicklung erfolgreich selbstständig.

Zur Weihnachtszeit 2018 wurde Werner ganz plötzlich aus dem Spiel des Lebens genommen. Niemand hatte damit gerechnet. Werners Frau Iris und Sohn Yannick mussten mit dieser neuen Situation sehr gut umgehen lernen.

Denn dort, wo Wahrheit und Klarheit wohnt, hat Leid keine Möglichkeit, sich langfristig einzunisten. Selbstverständlich bleibt Vermissen zurück. Doch wer Werners Lehren "verstanden" hat, dem ist klar, dass dieses Gefühl auch nur eine Vorstellung bleibt, welches sich spätestens dann auflöst, wenn erkannt wird, dass da niemand ist, der vermissen könnte. Nicht selten erzählte Werner noch zu Lebzeiten, dass seine Bücher wohl erst dann so richtig gesehen, verstanden und erfolgreich verkauft würden, wenn er nicht mehr sei.

Werners Art zu lehren und zu leben bleibt einmalig. Wer jedoch an Werners Geschichte und an Lehre sowie Leere interessiert ist, der hat die Möglichkeit Markus, Werners intimsten Freund, Weggefährten und Familienmitglied, zu besuchen.

www.markusmegyeri.de

192 Seiten, Klappenbroschur
ISBN 978-3-89845-661-6
€ [D] 14,00

Werner Ablass

Leide nicht – liebe

Über die Liebe zur Liebe ohne Objekt

Wer leidet, befindet sich auf einer tiefen Schwingungsebene und zieht dementsprechend negative Lebensumstände an. Wer liebt, schwingt auf der höchstmöglichen Schwingungsebene und wird dadurch automatisch zum Magneten für Harmonie, Glück und Erfolg.
Dieses Buch zeigt, wie man trotz aller Widrigkeiten im Alltag in die Schwingung von Agape gelangt – einer Liebe, bei der das Objekt völlig zweitrangig ist. Das heißt: Man liebt nicht, weil man bestimmte Menschen, Dinge oder Situationen liebenswert findet; man liebt, weil man merkt, wie gut es einem dabei geht.

152 Seiten, Flexocover
ISBN 978-3-89845-591-6
€ [D] 12,95

Werner Ablass

Nichts ist, wie es scheint

Entzaubert siehst du nur (Selbst-)Liebe

Liebe ist nicht nur die stärkste, sondern die einzige Kraft im Universum.
Sie ist in allem, was existiert. Sie ist das Eine, das sich Zweiheit – unsere Welt der Gegensätze – »gezaubert« hat, um sich darin selbst zu erfahren und zu begegnen. Somit ist alles, was wir wahrnehmen, nur ein Zauber, nicht die Realität. Wer diesen Zauber durchschaut und dabei »entzaubert« wird, begreift, dass alles, was geschieht, aus Liebe geschieht, selbst wenn es wie ihr Gegenteil erscheint.
Eine völlig neue Sichtweise eröffnet sich, die dem Hadern mit sich und der Welt ein Ende bereitet und durch die Gewissheit ersetzt, endlich »angekommen« zu sein.

192 Seiten, Flexocover
ISBN 978-3-89845-568-8
€ [D] 12,95

Werner Ablass

Liebe ist die Lösung

Spielregeln der kosmischen Schwingung

Wer problematische Situationen oder unliebsame Emotionen loswerden will, findet in diesem Buch ein effektives »Lösungsmittel«: Agape, die Liebe ohne Objekt. Innere und äußere Blockaden, die uns behindern oder abhängig machen, lösen sich dabei wie von selbst auf. Je mehr wir darin geübt sind, desto eher wird das Erinnern zu einem unbewussten Reflex, sodass wir dauerhaft in unserem Wesenskern zu ruhen vermögen.
Anhand vieler praktischer Beispiele zeigt Werner Ablass uns einen Weg, besser mit alltäglichen und außergewöhnlichen Widerständen umzugehen, und führt uns so in eine nie gekannte Dimension inneren Friedens.

272 Seiten, gebunden
ISBN 978-3-930243-49-5
€ [D] 17,80

Werner Ablass

Abschied vom Ich

und wie leicht es sich ichlos lebt

Nicht nur die Weisen aller Zeitalter wussten, dass das Ich nichts weiter als Einbildung ist. Auch die Ergebnisse der modernen Hirnforschung sagen nichts anderes. Der Philosoph Thomas Metzinger spricht daher zu Recht von einer Bewusstseinsrevolution. Werner Ablass erlebte seinen Abschied vom eingebildeten Ich jedoch nicht aufgrund wissenschaftlicher Erkenntnis. Es kam ihm abhanden, nachdem er die von dem indischen Advaita-Meister Ramesh Balsekar empfohlene Selbstuntersuchung vorgenommen und dabei festgestellt hatte, dass es zwar Gedanken, Entscheidungen und Taten gibt, jedoch keinen individuellen Denker, Entscheider und Täter.
In seiner unnachahmlichen Art, komplexe Zusammenhänge einfach darzustellen, beschreibt er, wie sich das Erleben auf allen relevanten Lebensfeldern zum Vorteil verändert.

160 Seiten, durchg. farbig, gebunden
ISBN 978-3-89845-623-4
€ [D] 16,00

Theo Fischer

WuWei – Lebenskunst des Tao

Nichts tun und alles erreichen

Wer sich der jahrtausendealten Weisheit des Tao öffnet, wird erfahren, dass es sich mit ihr unbeschreiblich leicht lebt.
Theo Fischer zeigt, wie man lernen kann, in der Gegenwart zu leben und das Leben zu genießen. Er begleitet uns auf dem Weg des Tao, der uns zeigt, dass wir das Leben annehmen sollen, so wie es ist, wie man aus seiner Mitte heraus durch Geschehenlassen handeln kann und dadurch frei von Sorgen und Gedanken um das Morgen wird. Wer aufhört, gegen seine innere Kraft zu kämpfen, der erfährt, wie schön und voller Freude unser Dasein von seiner ursprünglichen Bestimmung her sein kann.

176 Seiten, broschiert
ISBN 978-3-89845-675-3
€ [D] 14,00

Kurt Tepperwein

Alles ist, wie du bist!

Finde deinen Flow

Für ein sinnvolles und schöpferisches Leben
Für alle, die sich selbst neu begegnen und besser kennenlernen möchten, um im Leben etwas zu verändern und die Welt anders wahrzunehmen.
Das neue Buch von Kurt Tepperwein gibt dir die Möglichkeit, eigene Gedanken, Glaubenssätze und Verhaltensmuster zu hinterfragen und auch zu verändern. Dabei musst du nicht linear lesen, sondern kannst dir dein Thema heraussuchen – je nachdem, was gerade wichtig ist.
Ein Workshop zu dir selbst!

240 Seiten, broschiert
ISBN 978-3-89845-678-4
€ [D] 18,00

Andrej Korobeishchikov

Metanoia – Der Weg der Seher

Überwinde die Grenzen deiner Realität

Es gibt eine Welt hinter der Welt!
Der Autor offenbart uns die Welt hinter der Welt und enthüllt Stereotypen der Gesellschaft mit einem Trainingsprogramm, durch das wir diese andere Welt sehen und verstehen können. Als Jäger-Schamane der Taiga beschreitet er den Weg des Sehers.
Durch den Eintritt in ein neues Raum-Zeit-Gefüge entdeckt man eine Parallelzivilisation und eine Welt, die unseren Alltag mit ungeahnten Kräften beeinflusst. Die mystischen Erfahrungen des Autors werden in das moderne Leben eingebunden und es beginnt eine Suche nach dem Höchsten Geist und dem verlorenen Zuhause durch die Schattenseiten der modernen Gesellschaft.

192 Seiten, broschiert
ISBN 978-3-89845-674-6
€ [D] 15,00

Dietmar Schenk

Phänomen Lichtkonto

Dein persönlicher Weg in die finanzielle Freiheit

Innovativ und erfolgreich ...
Universelle Grundsätze können nicht nur Herz und Seele, sondern auch die Geldbörse füllen.
Es gibt bereits zahlreiche Seminare und Bücher, die sich dem Thema Geld widmen, aber sie setzen nur auf positives Denken und Affirmationen. Doch für wirkliche Fülle, braucht es mehr.
Autor und Coach Dietmar Schenk hat das Missing Link entdeckt und damit eine revolutionäre Methode entwickelt, die garantiert funktioniert: das Lichtkonto, dein persönlicher Weg in die finanzielle Freiheit.
... jetzt klappt es endlich mit Fülle und Wohlstand!
Inkl. Gratis-Audio-Workshop

NOTIZEN

NOTIZEN

NOTIZEN

NOTIZEN